终身成长

创新教育新思维

谢小庆 编著

清华大学出版社
北京

U0668652

内 容 简 介

本书是一本系统介绍"成长"概念和成长评估模型的书。书中作者提出：对于一些基础好的学生，实现"达标"并不一定能够实现"成长"；对于一些基础薄弱的学生，即使暂时"达标"有困难，仍然可以通过学习获得"成长"。这种"达标＋成长"的新的教育评估模型体现了一种新的教育理念。在内容上，本书通过介绍美国各州使用的几种典型成长评估模型，讨论了与成长评估有关的一些问题。本书可以帮助更多的教育工作者和家长了解"成长"的概念，这对中国教育事业的发展有着重大的参考和借鉴意义。

图书在版编目（CIP）数据

终身成长：创新教育新思维 / 谢小庆编著. —北京：清华大学出版社，2020.6（2023.11重印）
ISBN 978-7-302-55409-7

Ⅰ.①终…　Ⅱ.①谢…　Ⅲ.①教育研究　Ⅳ.① G40-03

中国版本图书馆 CIP 数据核字 (2020) 第 073335 号

责任编辑：杜春杰
封面设计：刘　超
版式设计：文森时代
责任校对：马军令
责任印制：刘海龙

出版发行：清华大学出版社
　　　　　网　　　址：https://www.tup.com.cn，https://www.wqxuetang.com
　　　　　地　　　址：北京清华大学学研大厦 A 座　　邮　　编：100084
　　　　　社 总 机：010-83470000　　邮　　购：010-62786544
　　　　　投稿与读者服务：010-62776969，c-service@tup.tsinghua.edu.cn
　　　　　质量反馈：010-62772015，zhiliang@tup.tsinghua.edu.cn
印 装 者：天津鑫丰华印务有限公司
经　　销：全国新华书店
开　　本：147mm×210mm　　印　　张：7.125　　字　　数：106 千字
版　　次：2020 年 8 月第 1 版　　印　　次：2023年11月第6次印刷
定　　价：39.80 元

产品编号：086178-01

前　言

preface

　　2018 年 3 月 16 日，教育部部长陈宝生在两会记者会上措辞坚定地号召"减负"，提出从 5 个方面为学生、教师、家长减负。对此，有人支持，呼吁"将减负进行到底"，如 21 世纪教育研究院院长杨东平；有人反对，认为"一刀切"地减负会毁掉许多孩子的未来，如南京师范大学教育理论与政策研究院院长项贤明。

　　关于"减负"，一位学生询问我的看法。我的回答是：减负和增负的主张都属于"锅中加水"而非"釜底抽薪"，分歧在于一个主张加自来水，一个主张加纯净水。"釜底抽薪"的措施是改革评价方式，改革招生考试制度。如果不下决心"釜底抽薪"，那么，增负，孩子和家长苦；减负，孩子和家长亦苦。

　　学生说："增负，孩子和家长苦"，很好理解。为什么说"减负，孩子和家长也苦"呢？不太好理解。

于是，我给学生播放了一段 2018 年 3 月 18 日晚上 CCTV-1 "欢乐中国人"节目的视频片段。节目中，北京师范大学文学院的康震教授推荐了一位年仅 4 岁的小朋友王恒屹。节目中，康震老师等几位节目嘉宾与小恒屹玩起了诗词"接龙"游戏。

康震：烽火连三月。

恒屹：家书抵万金。

李晨：李白的《月下独酌》中有"对影成三人"一句。这里的"三人"是指什么？

恒屹：月亮，李白，李白的影子。

康震：爆竹声中一岁除。

恒屹：春风送暖入屠苏。

康震："屠苏"是什么？

恒屹：屠苏酒。

李晨感慨道：小恒屹不仅仅是把那个音和字背下来，他是明白的，明白其中的意思。

看完这段视频，我对学生说：3年后，小恒屹将进入义务教育阶段。我们将怎样向小恒屹这样的学生提供教育呢？如果让他与其他的同龄小朋友一道去上语文课，那对他的成长不会有多大帮助。向小恒屹这样的孩子提供义务教育，是否属于公办学校的责任呢？满足小恒屹们的义务教育需求是否是公办学校的责任呢？是否是政府的责任呢？如果公办学校不向小恒屹们提供他所需要的义务教育，他们和他们的家长就只好诉诸培训班。可以设想，如果小恒屹生活在一个普通的工薪家庭，他的教育将成为这个家庭的一个沉重负担。

事实上，有相当一批儿童对《义务教育课程标准》所规定的学习内容感到"吃不饱"，有更多的儿童对某一科（如语文、数学、英语）的《义务教育课程标准》所规定的内容感到"吃不饱"。如果公立学校不能向他们提供他们所需要的学习条件，他们就只能向培训班购买服务。

"达标"，不一定意味着"成长"（growth）。一些发育较早的孩子，如小恒屹，即使实现了"达标"，未必能够获得"成长";一些发育较晚的孩子,即使暂时"达标"有困难,仍然有可能获得明显的"成长"。2010年以来,美国教育界的热门话题是"成长"。越来越多的人认识到,不仅要关注学生是否"达标",是否掌握了课程标准或教学大纲所规定的学习要求,而且要关注学生经过学习以后获得了多大程度的进步,是否获得了成长,需要关注教师和学校在帮助学生获得成长方面所发挥的实际作用。

于是,许多教育研究者将研究兴趣集中于"成长",开发出了大量用于成长评估(growth assessment)的技术方法。成长不仅是一种教育评估技术,更是一种学习理念。如果以"成长"理念来审视今天我国的学校教育,不难发现,即使在一些办学条件很好的示范性学校中,成长效应也并不理想。对于部分学生来说,一个学期中所学的语文知识和算术知识,或许在学期开始的时候他们就已经掌握了。一个学期的课堂学习,对于这些学生的成长帮助是很有限的。

王晓平老师是我在北京师范大学心理专业1978级读

书时的同班同学。她在 1994 年获得美国爱荷华大学的教育测量方面的博士之后，就一直在爱荷华州教育局工作至今，担任州教育局高级研究顾问。她是美国"州高级教育官员理事会"（The Council of Chief State School Officers，CCSSO）的成员，是 CCSSO 所属的"问责系统与成绩报告委员会"（Accountability Systems & Reporting，ASR）的成员。齐森老师也是我心理专业 1978 级的同班同学，他在 1992 年获得美国加州大学（洛杉矶分校）的教育学博士学位之后，曾长期在美国教育协会（American Council on Education，ACE）从事作为高中毕业水平证书的《一般教育发展考试》（General Educational Development Tests，GED）的研究工作。王晓平和齐森都长期在美国教育界工作，对美国的基础教育有较深入的了解。通过与王晓平和齐森的交流和讨论，我了解到美国教育领域有关"成长评估"的研究进展，了解到在美国学校中常用的一些成长评估方法。我们觉得，中国的学校可以通过借鉴这些方法来改进学生的学习。于是，我们共同撰写了第一篇文章——《美国学校成长测量的7种主要方法》，发表于《中国考试》杂志 2018 年第 6 期。其后，我们又共同撰写了几篇介绍"成长评估"的文章。

为了使更多的人了解和借鉴美国学校中的成长评估方法，我编写了本书。

本书最重要的参考文献是由 CCSSO 组织、加州大学伯克利分校的 K. E. Castellano 和哈佛大学教育学院的 A. D. Ho 撰写的《成长模型实用指南》（*A Practitioner's Guide to Growth Models*）一书。

今天，中美之间的贸易战已经进入了白热化阶段。贸易战，最终是人才战、教育战。每一位足球、篮球、乒乓球教练都知道，为了战胜对手，一定要研究对手的长处，且一定要学习对手的长处。在面临严峻挑战的今天，我们更应该努力研究和学习对手的长处。美国的教育改革从强调"达标"到强调"达标＋成长"的发展，给中国教育带来了一些启发，值得我们思考与借鉴。

本书将介绍从 2001 年小布什的"一个都不能少"到

2015 年奥巴马"每个学生成功法"的教育改革历程和思路，介绍"达标＋成长"的教育理念。将介绍 2018 年正式开始实行的奥巴马教育改革方案中实际采用的主要的成长评估模型，讨论各种成长评估模型各自的长处和短处，讨论各种成长模型的适用条件。

本书对于推动对包括小学生、中学生、大学生和研究生在内的学生成长评估，推动基于学生成长评估基础之上的对教师、学校、学区、地区的评估和问责，提高教育评估和问责的科学化程度有一定的借鉴和参考价值。

本书的读者对象包括家长和教育从业者。

目 录

Contents

从小布什的"达标"
到奥巴马的"达标＋成长"

中国是世界第一大石油进口国，但中国花费外汇进口最多的却不是石油，而是芯片。据海关总署数据显示，2016 年中国芯片进口金额为 2 270.26 亿美元，同期中国原油进口金额仅为 1 164.69 亿美元，芯片进口金额大约相当于原油进口金额的两倍。美国、欧洲国家、日本都对中国实行高端芯片禁运，中国花钱也买不到高端芯片，否则，芯片进口额会更大。前商务部部长曾经在巴黎对法国企业家说：中国出口 8 亿件衬衣，才换回一架空客 380 飞机。（根据中新社报道）根据汽车市场调研机构 Focus2Move 公布的数据，全球汽车按市场占有份额，2018 年世界第一的汽车品牌是大众，第二到第十依次是丰田、雷诺、通用、现代起亚、福特、本田、菲亚特－克莱斯勒、标致－雪铁龙、铃木。前十位中，没有中国的汽车品牌。

实际上，美、德、法、日控制着世界上绝大部分的高端科技专利。甚至在"金融危机"的困难时期，美国也一直坚持对华高科技禁运，并施压欧盟维持对华高科技禁运。贸易战，最终是教育战、人才战。

改革开放的 40 年，是中国经济"爬坡"的 40 年，从低端的衣服、鞋帽、玩具，逐渐爬到高端的手机、电视、汽车、高铁，从下游向上游爬，从低端向高端爬。"行百里者半九十"，越向上爬，越艰难，阻力越大，技术门槛越高，被封堵得越厉害。越往高端，贸易战越体现为人才战。人才，只能靠教育来培养。

美国在全球经济领域处于利润丰厚的上游，这与美国比较成功的创新型人才培养机制密切相关。美国的学校不仅培养了比尔·盖茨、乔布斯、扎克伯格等一大批科技和商业精英，还培养了一大批诺贝尔科学奖的获奖者，这使美国一直在科技领域保持着领先地位。

因此，2014年6月9日习近平主席在中国科学院第十七次院士大会、中国工程院第十二次院士大会上强调："面对科技创新发展新趋势，世界主要国家都在寻找科技创新的突破口，抢占未来经济科技发展的先机。我们不能在这场科技创新的大赛场上落伍，必须迎头赶上、奋起直追、力争超越。"为了爬坡，我们不能再延续"组装发展战略"，不能再延续"市场换技术战略"。40年的教训是：我们失去了市场，却没有换来核心、高端技术。

因此，李克强总理在 2013 年 7 月 16 日的经济形势座谈会上强调，要以转变经济发展方式为主线，以调结构为着力点。

因此，温家宝同志于 2010 年 5 月 4 日在北京大学讲："钱学森之问对我们是个很大的刺痛。"所谓"钱学森之问"，是指钱老生前在各种场合不止一次提出的问题：为什么我们的学校总是培养不出杰出人才？

每一位足球、篮球、乒乓球教练都知道，为了战胜对手，一定要研究对手的长处，且一定要学习对手的长处。在今天这个竞争激烈的时代，我们更应该努力研究和学习对手的长处。或许，美国教育改革从小布什的"达标模型"到奥巴马的"成长模型"的发展，可以给我们带来一些启发和借鉴。

1.1 美国《初等和中等教育法》

长期以来，美国在精英教育方面是成功的，这与其宽松的、非竞争的教育环境有关。这种宽松的教育环境，使孩子的好奇心、探究欲和创造力得到保护。美国学校从小就注意发展孩子的审辩式思维（critical thinking），鼓励孩子的独立思考和质疑精神，注意保护孩子的个性和兴趣。"成也萧何，败也萧何"，也正是这种宽松的、非竞争的教育环境，使美国学校中出现了一大批"掉队"（left behind）学生或"差生"。

43-17=？ 48/3=？ 在中国的小学毕业生中，5秒钟内不能做出正确回答的比例可能不足5%；在美国的小学毕业生中，5秒钟内不能做出正确回答的比例可能高达50%。

这种局面显然不利于美国的人力资源开发，不利于社会稳定，美国社会长期受到贫困、犯罪、吸毒等问题的困扰。为了改变这种局面，在林登·约翰逊总统的推动下，作为"向贫穷宣战"努力的一个重要组成部分，国会通过并颁布了《1965年初等和中等教育法》（Elementary and Secondary Education Act of 1965，ESEA）。其后，修订 ESEA 就成为历任总统所关注的一个重要问题。

1992 年克林顿总统当选以后，主持了对 ESEA 的一次较大的修订，经过修订的 ESEA 被命名为《1994 年美国教育改进法》（Improving America's Schools Act of 1994），由国会通过并颁布实施。与此同时，国会通过了《美国教育 2000 年目标法》（Goals 2000：Educate America Act）。克林顿主持修订和制定的这两部教育法案完全保持了 ESEA "扶助弱势"的基本宗旨，并进一步强化了教育领域的中央集权。这次修订的突出特点是明确了"时间表"和改革目标，明确、具体、详细地规定了到 2000 年美国教育需要实现的目标。

1.2 小布什的《2001 年一个都不能少法案》

2000 年小布什总统首次竞选的主题是教育改革。在每次竞选过程中最重要的一项活动是两党的全国代表大会。

2000 年夏天，在费城举办的共和党全国代表大会上，小布什被正式提名为共和党总统候选人。大会的主席台被布置成一间小学教室，安排了一些学生坐在主席台上的"教室"中。这一安排突出了小布什的竞选主题：教育。

2001 年 1 月 20 日，小布什宣誓就职，成为美国第 43 任总统。1 月 23 日，他就推出了被称为"一个都不能少"（No Child Left Behind，直译为"不让一个孩子掉队"）的教育改革方案。2001 年 12 月，美国国会通过了小布什总统主持修订的新的 ESEA 法案，新法案被命名为《2001 年一个都不能少法案》（No Child Left Behind Act of 2001，NCLB）。法案的第一句话是："这是一个以问责、灵活性和选择性填平教育成就水平鸿沟从而不让一个孩子掉队的法案（An act to close the achievement gap with accountability, flexibility, and choice, so that no child is left behind）。"其后，美国展开了一场轰轰烈烈的教育改革运动，"一个都不能少"的口号家喻户晓，"一个都不能少"的教育改革在法律的保护下稳步推进。

NCLB 教育改革最核心的理念是"达标"（proficient）和"问责"（accountability）。达标，就是要求所有学生都要完成规定的学习任务，达到规定的知识掌握水平和能力要求。具体的措施是要求各州在三年级到八年级进行州统考，在高中的一个年级（一般是十年级或十一年级）进行统考。要求所有的学生都达到最低的能力和知识要求。如果有学生不能达到要求，出现"掉队"情况，就要对学校和教师进行问责。

在推动教育改革方面，小布什是非常认真的。2001年"9·11"事件发生的时候，他正在小学教室中给小学生朗读课文。当助理向他报告了恐怖袭击的消息后，他仍然坚持读完了课文。2004年，他在连任竞选中受到民主党竞选对手克里（John Forbes Kerry，2012年曾担任奥巴马政府的国务卿）的严峻挑战。尽管小布什以子虚乌有的"大规模杀伤武器"为借口挑起的伊拉克战争在美国很不得人心，但他所推动的教育改革使他最终获得连任。

虽然 NCLB 在解决学生"掉队"方面的效果明显，但也带来一些新的问题。最主要的问题是给教师和学生都增加了很大的压力，考试开始成为学校日常工作的指挥棒。在问责的压力下，许多中小学都不同程度地采取了应试措施。州统考科目在时间、资源、教师等方面得到加强，其他非统考科目，包括美术、音乐、体育等，则被削弱。为了达标，不少中小学延长学校上课时间，放学后补课，缩减学生休息时间，这样做既增加了学生的负担，也增加了教师的负担。"应试教育"束缚了教师的创造力，不利于教师的创造性发挥。"应试教育"造成的竞争性教育环境也不利于优秀学生的自由发展，甚至可能使优秀学生的好奇心受到挫伤。更重要的是，许多学生无法达标。根据NCLB法案的规定，在对教师和学校问责时，要求努力使所有学生都达到最低限度的掌握程度，联邦和州教育部门以统考成绩的平均分和低于某一特定分数的学生比例对学校进行问责。NCLB法案从2003年起正式施行，根据法案的要求，到2014年各学区和各学校都要使全体学生达标，实现"一个都不能少"的目标。但是，实际情况是，无论怎样降低考试难度，无论将标准定得怎样低，总有一些学生的成绩不能达标，甚至与标准要求相差很远。

伴随 NCLB 改革的推进，"应试教育"的弊端也越发明显。因此，小布什的教育改革遭到一些教育专家的批评，尤其是遭到来自基层教师的抵抗。

1.3　奥巴马的《让每个学生成功法案》

作为一个民选总统，与小布什总统一样，奥巴马绝对不敢对教育问题掉以轻心。奥巴马于 2009 年 1 月 20 日宣誓就职，2 月 17 日就签署了《2009 美国复苏与再投资法案》（American Recovery and Reinvestment Act of 2009），并提出了自己的教育改革口号"力争上游"（Race to the Top），还签署法律拨款 43.5 亿美元建立了"力争上游基金"，支持各州的教育创新。

NCLB 改革旨在扭转大批学生的"掉队"问题，但改革带来的"应试教育"却伤害到了优秀生的个性发展，束缚了教师的个性化创造。怎样在"救济后进"和"保护优秀"之间保持平衡？怎样寻求二者之间适度的妥协点？这是奥巴马在焦头烂额地应对乌克兰、叙利亚、朝鲜等一系列紧迫问题的同时，一直关注的问题。

经过参众两院长期的讨论和两党沟通，美国国会终于在 2015 年 11 月 19 日就 ESEA 的修订达成一致，经过修订的新法案被命名为《让每个学生成功法案》（Every Student Succeeds Act，ESSA）。12 月 10 日，奥巴马签署了新的教育改革法案，此法案将取代已经施行 14 年的 NCLB 法案。

新的 ESSA 法案的第一个突出特点是"减负"，改变了 NCLB 法案中联邦政府对学校严格的考核评级制度，减轻了学生、教师和学校的压力和负担。奥巴马承认 NCLB 改革的目标是正确的，也确实整体提升了教育质量。但是，应试教育也带来了明显的负面效果。新法案保留了阅读、数学和科学科目的州统考，同时鼓励各州、各学区、各学校开发并实施灵活、适用的多元评估方法，强调对学生审辩式思维和创新能力的评估，既不是仅仅依靠考试分数进行评估，也不是仅仅考查知识记忆。

新法案的第二个突出特点是"权力下放"，结束了由联邦教育部主导的、以测试成绩为基础的问责制，代之以州问责制，将教育控制权力归还给各州和地方学区。

在"减负"和"放权"的同时，新法案并没有放松对"掉队"问题的关注。ESSA 规定，根据各州自己界定的评估分数，处于底部的 5% 的学校，毕业生少于 67% 的高中，弱势群体学生学业成绩始终不佳的学校，可以被州政府接管。

关于自己的教育理想，奥巴马说："通过这个安排，我们再度确认美国根本性的理想——让每一个儿童，不论他的种族、家庭收入、背景，不论他的邮政编码，不论他所居住的地点，都能获得实现自己愿望的机会。"

2013 年上映的《纸牌屋》是一部热播的美国电视剧，描写了一位来自南卡罗来纳州的民主党众议员通过残酷的政治斗争最终成为白宫主人的故事。在这部电视剧中，涉及了国际关系、劳资关系、种族关系、石油贸易等一系列的政治经济问题，但是，着墨最多、贯穿全剧的却是教育改革问题，其故事原型正是小布什和奥巴马的教育改革努力。从此剧中也折射出教育问题在美国总统心目中的重要性。

1.4 以"达标+成长"完善"达标"

强调"一个都不能不少"的 NCLB 法案与强调"人人成功"的 ESSA 新法案的一个重要区别是以"成长"概念补充和完善了"达标"概念。实际上，由于许多学生不能达到最低知识和能力要求，早在 2005 年，小布什政府的教育部长、NCLB 法案的主要推手玛格丽特·斯派林斯（Margaret M. Spellings）就提出不仅要评估掌握程度，而且要考虑考试成绩的改善和学生所取得的进步，要对"增值"（value added）和"成长"进行评估。最初，成长模型只用在差生群体，从 2008 年起，美国各州的问责中就逐步增加了对所有学生成绩进步的评估，即"成长评估"。

到 2011 年，美国至少有包括阿拉巴马、亚利桑那、阿肯色、佛罗里达等在内的 16 个州在教育问责中采用了某种成长模型。

新法案 ESSA 于 2015 年在参众两院通过，于 2018 年开始正式实施。根据 ESSA，美国各州对学校的问责有了更多的自主权，与此同时，各州也在问责中加大了评价学生成长进步的比重。今天，美国的许多州都采用了某种成长模型。

第
2
章

成长和成长评估

学习，不仅要追求"达标"，更要追求"成长"。对于一些基础好的学生，实现"达标"并不一定能够实现"成长"；对于一些基础薄弱的学生，即使暂时"达标"有困难，仍然可以通过学习获得"成长"。这就是新的"达标+成长"的教育理念和教育测量模型。

成长模型，是指一组定义、计算方法和规则，可以根据学生在两个或多个时间点的表现，做出与学生、班级、教师和学校有关的解释。

"成长"是相对于"状态"（status）而言。所谓"状态"，是指一个学生或一组学生在一个特定时间的学习成就水平。而"成长"是指两个或多个时间点之间学习成就水平的发展变化。"状态"好像是一张静态的照片，而"成长"则类似于一段动态的"录像"。

表 2-1 是某校的数学成绩统计表。表中的每个数据反映了各个年级的学生在特定年份的"状态"。

表 2-1　某校学生的数学平均成绩统计表

年级	年份					
	2007	2008	2009	2010	2011	2012
3	320	380	350	400	390	420
4	400	450	420	450	480	500

年级	年份					
	2007	2008	2009	2010	2011	2012
5	510	550	600	650	620	620
6	610	620	630	620	650	660
7	710	780	750	750	800	800
8	810	810	820	820	810	840

从表 2-1 中的每一列数据中都可以看出数值的增长。但是，这些数据都来自一个时间点，来自位于一个时间点的不同年级的学生。例如，第一列成绩是 2007 年各个年级学生的数学成绩，不是来自同一组学生。这种数值的增长，只能被解释为 2007 年各个年级在校学生之间的差异，并不能被解释为"成长"。

从表 2-1 中的每一行数据中也可以看出数值的增长。但是，这些数据都来自不同时间相同年级的学生。例如，第一行成绩是历年 3 年级学生的数学成绩，也不是来自同一组学生。这种数值的增长，只能被解释为各年 3 年级在校学生之间的差异，也不能被解释为"成长"。

所谓"成长"，是指一名学生或一组学生的学习表现随时间流逝所发生的变化。在表 2-2 中，对角线（灰色标记）上的数据才反映了一组学生的成长。这些数据属于同一组学生，反映了同一组学生从 2007 年到 2012 年，即从 3 年级到 8 年级的学习表现变化。从表中可以看到，这个班学生的平均分从 2007 年 3 年级的 320 分，上升（成长）到 8 年级（2012 年）的 840 分。

表 2-2　某校学生的数学平均成绩统计表

年级	年份					
	2007	2008	2009	2010	2011	2012
3	320	380	350	400	390	420
4	400	450	420	450	480	500
5	510	550	600	650	620	620
6	610	620	630	620	650	660
7	710	780	750	750	800	800
8	810	810	820	820	810	840

"成长评估"是借助数学和统计学的方法，对一位学生或一组学生的学习成绩水平在两个或多个时间点之间变化的描述，包括根据这种描述做出关于学生未来发展趋势的预测。

"成长评估"与"达标评估"的主要区别在于，后者是单一时间点的测试，而前者则至少要包含两个时间点。借助一个时间点的观测，可以了解学生与学生之间当下的差异。只有通过两次测试，才可能看到学生的变化趋势之间的差异，才可能看到学生的"成长"，也才可能对学生的未来发展做出一些合乎逻辑的预测。

有条件的时候，还可以进行多于两个的更多时间点的测试。表 2-2 中对角线所体现的，就是对一个班的学生在 6 个不同时间点的测试。

美国教育改革强调的"成长"，其主要的着眼点是那些可能掉队的学生，是力图帮助那些"达标"有困难的学生获得"成长"，鼓励那些帮助这些学生获得一定程度成长的教师和学校。中国与美国的国情不同，我们强调的"成长"，主要的着眼点应是那些基础较好的学生，力争帮助他们不仅"达标"而且获得实际的"成长"，鼓励那些帮助这些学生获得进一步成长的教师和学校。

进行成长评估，不仅可以更准确地了解学生学习的实际成效（outcome），而且可以更准确、清晰地了解教师、学校对学生成绩的提高所产生的实际影响。

关于成长模型，需要展开讨论的基本问题包括：

（1）成长模型最能够支持的基本解释是什么？

（2）成长模型的统计基础是什么？

（3）某个成长模型需要什么样的数据？

（4）某个成长模型可以支持关于何种团体（班级，学校，学区，市）的分数解释？

（5）关于成长的期望水平或充分性，怎样设定合格标准？

（6）对某种成长模型的常见误解是什么？这种模型在问责过程中可能出现的负面后果是什么？

2.1　测验的同质性

如果要对学生的成长进行评估，不同时间的评估之间就需要具有可比性。具有可比性的前提是具有同质性（homo-geneity）。

所谓同质性，就是两个测试考查相同的东西，用教育测量的专业术语来说，就是两个测试考查相同的构念（construct）。测长度是一种测量，测重量也是一种测量，二者测量的不是同一个东西，二者测量的是不同的构念，不具有同质性，也不具有可比性。3 斤与 3 米之间，不具有可比性。

用于成长评估的两次测试或多次测试，需要具有同质性。如果一次测试在 2018 年秋，另一次测试在 2019 年秋。如果 2018 年实际考查的是"汉字应用"，而 2019 年实际考查的是"语法知识"，二者之间就不具有同质性，也不可能具有可比性。又如，2018 年实际考查的是"学能"，而 2019 年实际考查的是"心能"，二者之间就不具有同质性和可比性。

2.2　测验分数的等值

具有同质性并不一定具有可比性。两次测试的难度不同，分数的增长可能归因于学生的成长，也可能归因于试卷偏容易。只有两次测试的成绩可以进行合理的转换，可以排除掉试卷难度变化的影响，两次测试才具有可比性。

测验、考试被作为一种尺度来对人的心理特质进行测量。这种尺度应该具有稳定性。不同的考试版本之间应该具有一致性。对于同一个测量对象，不能用这个版本测量得到一个度量，用另一个版本测量却得到相差很大的另一个度量。如果一项测试缺乏稳定性和公平性，缺乏稳定的标准，这次考试一个标准，下一次考试又用另一个标准，对使用这一份试卷的人一个标准，对使用另一份试卷的人又一个标准，那么，不仅会大大影响这项测试的可靠性（信度）和有效性（效度），而且会对有关的决策产生误导，会使考生受到不公平的对待。

尽管测试的编制者在命题过程中总是尽量保持难度的稳定性，但不同试卷之间在难度、分数分布方面的差别很难完全避免。这样，就需要将具有不同难度、分数分布的试卷的分数转换到一个统一的量尺之上，采用统一的量尺对应考者进行测量。这种将一个测验的不同版本的分数统一在一个量表上的过程即等值（equating）。

近几十年来，心理测量学家们对测验等值问题给予越来越多的关注，不仅提出了许多等值方法，而且围绕等值问题展开了多方面的研究。在等值数据资料的收集方面，既可以采用以"人"为媒介的共同被试组设计，也可以采用以"题"为媒介的"锚测验"设计。在等值数据资料处理的理论模型方面，可以依据基于真分数假设之上的经典测验理论（classical testing theory，CTT），也可以依据基于潜在特质假设之上的题目反应理论（item response theory，IRT）。在两种理论模型的框架内，区别于数据收集的方式不同、所采用的计算方法不同等，又存在着多种不同的等值方法。

在我国，迄今为止等值是测验研究中最薄弱的一个环节，许多重要的考试都尚未实现统计等值。

最简单、最直接的等值方法是以"人"为媒介的"共同组等值"。方法是：将两个不同的测验版本施测于同一组考生，根据这组考生在测验上的表现来建立两个版本之间的等值关系，如图 2-1、图 2-2 所示。

图 2-1　同日进行共同组等
值考试的示意图

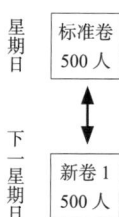

图 2-2　隔周进行共同组
等值考试的示意图

　　我们假设，在同一天或间隔几天的时间中，考生的水平没有明显变化。如果两次考试的平均分不同，其原因不是考生水平，而是试卷难度。平均分较高的一份试卷，比较容易；平均分较低的一份试卷，比较难。

　　共同组等值所面临的难题是如何保证考生的动机水平。在正式的考试中，考生会很努力。在以等值为目的实验性考试中，有可能出现考生不认真作答的情况。

　　为了解决考生的动机问题，可以采用的方式包括：

　　（1）在正式考试之外，另外组织部分考生进行一次等值考试。向参加等值考试的考生承诺，在最后的成绩报告中，报告两次成绩中较好的一次。

（2）专门组织一次等值考试。为了试卷安全，可以异地举行。例如，将用于上海中考的考试，在南京的一个初中毕业生群体中进行等值测试。等值测试可以作为一次学期期末考试。也可以向参加等值测试的考生承诺，在最后的成绩报告中，报告两次成绩中较好的一次。

在连续的两次考试中，第二次考试可能会产生"练习效应"：由于已经进行了一次测试，所以第二次测试时已经有了经验，表现更好。第二次考试还可能产生"疲劳效应"：如果两次考试安排在上午和下午，下午的考试可能因为疲劳而影响成绩。为了避免"练习效应"和"疲劳效应"，等值考试可以进行"分半交叉设计"。如果参加等值考试的考生为1 000人，两次考试分别在上午和下午进行。那么，上午可以安排500人考标准卷，500人考等值卷；下午安排500人考标准卷，500人考等值卷。

共同组等值的误差较小，数据处理方便，但需要组织专门的等值考试，不仅组织成本较高，而且会受到来自动机水平、练习效应、疲劳效应等方面的误差因素影响。

另一种等值设计是以"题"为中介的共同题等值设计。"托福"、GRE、SAT 等著名考试均采用了共同题等值设计。在进行共同题等值时,新试卷中将包含一组与标准试卷相同的共同题,通常被称为"锚题"。例如,一份 100 题的新试卷中,包含 20 道来自标准卷的试题。这 20 道题即两份试卷的共同题。图 2-3 给出了共同题等值设计的示意图。

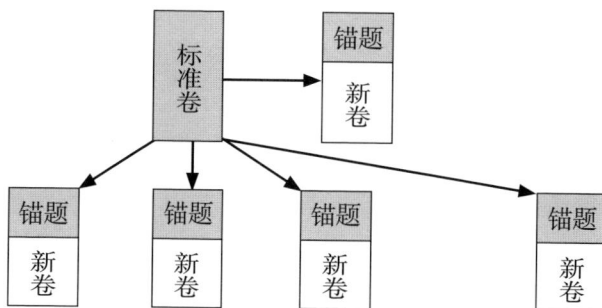

图 2-3　共同题等值设计的示意图

共同题等值的基本逻辑是:当不同的测验版本被施测于不同的考生样本时,平均分会存在差异。这时,我们不知道造成差异的原因是试卷难度方面的差别,还是考生水平方面的差别。如果两个版本之间存在共同题,我们就可以通过考生在共同题上的表现来估计两组考生的水平,排除了考生水平上的差距，平均分之间的差距就是试卷难度之间的差距。

共同题等值的基本过程是：首先根据第一组考生在锚题和在 A 卷上的表现，第二组考生在锚题和在 B 上的表现以及全体在锚题上的表现来估计全体在 A 卷上和在 B 卷上的表现，之后，根据全体在 A 卷上和在 B 卷上的表现的估计值计算等值转换系数，建立起两份试卷之间的分数转换关系。

表 2-3 是一个包含 30 题的测试在经过等值之后得到的新试卷与标准卷之间的分数转换表。从表中可以看出，与标准卷相比，新试卷偏难一些，在新试卷上获得 18 分，相当于在标准卷上获得了 20 分。

这种两份试卷的等值转换关系，既可以通过共同组等值方式实现，也可以通过共同题方式实现。

表 2-3　两份试卷的等值分数转换表

新　试　卷	标　准　卷
1	2
2	3

新 试 卷	标 准 卷
3	4
4	5
5	6
6	7
7	8
8	9
9	10
10	11
11	12
12	13
13	14
14	15
15	16
16	18
17	19
18	20
19	21
20	22
21	23
22	24

新　试　卷	标　准　卷
23	25
24	26
25	27
26	28
27	29
28	30
29	31
30	32

　　共同题等值不需要组织专门的等值考试，在操作上比共同组方法便捷许多。但是，这种方法存在"共同题"的曝光问题，在许多高利害的考试中，使用受到局限。在实际的测验等值过程中，还可以有多种更精致的等值设计，可以综合共同题和共同组方法的长处，避免两种方法各自的短处。①

　　2018 年 10 月中国高考英语考试以后，由于 10 月份考试的试卷明显偏难（许多复读生同时参加了两次考试。根

---

① 谢小庆. HSK 和 MHK 的等值. 考试研究，2005（1）：33-46.

据身份证号，很容易通过这个"共同组"来比较两份试卷的难度。考虑到学习效应，10 月份考试平均分数高，不一定说明试卷容易，但平均分数低则可以说明试卷偏难）。为使 10 月份考生得到公平对待，浙江教育考试院对分数进行了调整，给所有考生都加了分。

信息被泄露后，考生、家长在网上大声声讨。浙江省委马上召开紧急会议，决定取消调分。回归原始分数后，大多数 2019 年参加高考的考生分数都会降低。考生和家长们为以民主反科学而付出了代价。

2.3 纵向量表

美国教育协会（American Council on Education）和美国国家教育测量学会（National Council on Measurement in Education，NCME）共同组织编写的《教育测量》（*Educational Measure-ment*）一书被人们称为"教育测量领域的《圣经》"。在 2006 年《教育测量》第 4 版出

版之前，教育测量领域曾广泛使用"纵向等值"（vertical equating）概念。纵向等值的意思是，对于一些伴随年龄和学习过程持续发展的能力，如阅读能力、写作能力、语言能力、数学能力等，需要编制开发从低到高水平不同的测试量表。例如，测试汉语作为第二语言能力水平的《中国汉语水平考试》（HSK）就包含从低到高的6个级别的考试，一级水平最低，六级水平最高。通过分数比较将不同级别的6个测验组成一个整体量表的过程被称为"纵向等值"。

考虑到不同级别的考试难度，并不相等，从2006年以后，人们不再将这种在不同水平的考试之间建立可比性的过程称为"垂直等值"，而是称为"垂直量表化"（vertical scaling），将这种由多个不同水平的测试组成的量表称为"纵向量表"（vertical scale）。

在《教育测量》第4版中，使用了一个上位概念，将在不同的测试之间建立可比性的过程统称为"连接"（linking）。将"连接"划分为三种：等值、预测（prediction）

和量表化（scaling）。在所测量构念相同、水平相同的不同测验版本的分数之间建立连接的过程，被称为"等值"。在所测量构念相同、但水平不同的不同测验分数之间建立连接的过程，被称为"量表化"。在所测量构念不同的测验分数和效度标准变量（validity criterion variable）之间建立联系的过程，被称为"预测"。

在进行成长评估的时候，为了对学生的成长进行评估，需要在特定时段（如一学期或一学年）的开始时和结束时进行两次测试。两次测试需要使用不同的试卷。两次测试所使用的试卷，需要进行分数等值，才可以进行比较。否则，如果第二次测试的分数提高明显，我们无法知道分数提高是因为学生获得了"成长"还是因为第二次测试的试卷比较容易。

有时候，我们需要做跨学期，跨学年，甚至是跨几个学年的成长评估。例如，要对学区内多所初中的教学效果进行比较，需要在初一入学时和初三毕业时进行两次测试。面对初一新生使用的测试试卷，很可能并不适用于初三毕业生。这时，不能对两份试卷进行"等值"，而是需要"量表化"，需要将两份难度不同的试卷放到一个统一的量表之上。

在美国各州的成长评估中，采用较多的评估工具是纵向量表《智者平衡评估联盟测试系统》（The Smarter Balanced Assessment Consortium, SBAC）和《大学学习和就业准备联合测试》（Partnership for the Assessment of Readiness for College and Career，PARCC）。SBAC 和 PARCC 都将《共同核心国家标准》（Common Core State Standards，CCSS）作为成长评估的依据。CCSS 是美国从学前班到高中（K-12）教育的国家标准。

SBAC 和 PARCC 的编制都曾受到联邦政府的资助，资助来自作为 2009 年奥巴马总统颁布的《2009 美国复苏与再投资法案》组成部分的"力争上游"教育资助计划。"力争上游"计划的资助总额度是 43.5 亿美元。

从 2010 年到 2014 年，SBAC 测试系统的开发获得了联邦政府 1.78 亿美元的资助。在此期间，华盛顿州政府作为联邦资金的财务管理人。2014 年联邦拨款结束后，智者平衡评估联盟成为加州大学洛杉矶分校（UCLA）教育和信息研究所的一个常设公共机构。现在，SBAC 系统，由联盟成员共同进行管理，制定预算和相关政策，运行系统，继续进行研究和开发，不断对系统进行改进和完善。PARCC 的开发则获得了联邦政府 1.86 亿美元的资助。

2.4　纵向量表 SBAC

SBAC 是一项由"智者平衡评估联盟"主持的测试。联盟于 2010 年由加利福尼亚、康涅狄格、密歇根、蒙大拿、缅因、爱荷华等 30 个州的教育主管机构联合发起成立。发起人共同认识到：当时的大多数教育评估系统是孤立的、互相脱节的、过时的、缺乏协调的，不能满足教育发展的需要。为此，需要凝聚中小学教师和大学教师、教育科研人员和教育管理者的力量，共同开发一个更有效的评估系统，帮助学生改进学习，帮助教师改进教学，最终帮助中小学生做好进大学学习或就业的准备。发起者们认为，这一新的评估系统需要具备的特点包括：

（1）适合每个学生的、定制的在线测试系统。

（2）可以考查审辩式思维（critical thinking）、写作和问题解决等核心能力。

（3）资料充足，可以公平地测试不同背景的学生，可以为不同背景的学生提供支持。

（4）可以支持教师的专业发展，可以为教师的课堂评估和形成性评估（formative assessment）提供支持。

SBAC由三个模块组成：一是形成性评价过程和数字资料库（The Formative Assessment Process and the Digital Library），在数字资料库中，包含大量教学参考资料和用于形成性评估的题目，供使用者参考；二是中期评价，即选择性阶段性测试（Interim Assessment: The Optional Periodic Test）；三是总结性评估，即年终测试（Summative Assessment: The End-of-Year Test）。

2.4.1 数字图书馆

数字图书馆是为教育工作者提供的一个在线收集教学和专业学习的资源库。这些资源符合美国教育的共同核心国家标准，并帮助教师将这些资源应用于日常教学的形成性评估过程中，以改进教与学。数字图书馆的主要功能有：为不同的学习者提供差异化教学指导；提高教育者对评估的理解；帮助学生自学；设计专业的发展机会；为专业学习机构提供材料。

为了实现数字图书馆的功能，课堂教育者与智能平衡服务商合作，审核中期评估模块，确定每一种成就水平相对应的知识和技能，并且确定相对应的数字图书馆资源。

具体过程为：

（1）教育者按学科和年级分类进行审核学生中期评估模块资料，以确认每种成就水平的学生能正确回答的问题。

（2）审核后，教育者对每种成就水平的学生可能知道的或能够做到的内容和技能进行描述。

（3）教育者从数字图书馆搜索资源，为每种成就水平的学生提供通向成功的指导。数字图书馆资源包括课堂活动、任务、作业、课程计划，每种成就水平的学生都可获得这些资源，并能获取对下一个等级水平资源的了解。

（4）根据他们的搜索，教育者为每种成就水平的学生推荐一组资源。

数字图书馆这些功能的实现得益于教育专家的通力合作，将智能平衡中期评估模块的学生表现与数字图书馆资源相链接。因为数字图书馆将中期评估结果与其他课堂评估和专业意见连在一起，教育者可以通过使用这些链接找到与学生的需要相一致的相关有用的教学指导，从而协助教师促进学生的学习和成长。由于数字图书馆提供了部分教育者推荐的数字图书馆资源，这些资源可以补充课程和其他课堂活动，但并不意味着它们可以取代课程或教学计划。许多资源可以直接被使用，另外一些可能需要调整以适用特定的课堂和个体学生。所以在日常教学当中教师可以根据实际教学情况决定如何使用数字图书馆资源来帮助他们的教学。

2.4.2　中期评估系统

作为一个评估工具，中期评估系统可以帮助教师在整个学习过程中检查学生的进步情况，并通过反馈信息改进教学，帮助学生达到可以满足大学和职业准备需要的标准水平。中期评估系统具有试题质量高，测试内容涵盖了共同核心国家标准描述的深度知识范围；可测试 3～8 年级和高中英语和数学学科的知识和能力；采用测验内容固定的计算机化在线测试形式（即非自适应测验形式），与总结性评估具有相同量尺；教师可获得测验试题以及学生在测验试题上的作答反应，这使教师在教学过程中能了解学生学习的相对强项和需要提升的方面，更好地为每名学生提供个性化的指导，满足每名学生个体需要；测试灵活，可满足教师日常教学需要等特点。

中期评估系统由两部分构成：中期综合评估（interim comprehensive assessments，ICAs）和中期评估模块（interim assess-ment blocks，IABs）。

中期综合评估主要用于确定学生在学年内经过一段时

　　　终身成长：创新教育新思维

间的学习后所掌握的英语、数学学科的知识和技能。通过中期综合评估可向学生提供英语和数学学科的总体表现情况。测试时长 3 ～ 4 小时，可采用标准化或非标准化方式进行测试。

中期评估模块主要用于测试学生数学和英语学科的有关概念集，为教学提供更为详细的反馈信息。中期评估模块关注于对特定内容的测试，例如：测量和数据、分数、阅读信息文本等。不同的测试年级和内容范围，其试题数量为 4 ～ 18 道试题，测试的每一个内容领域都包括一项表现性行为任务。评估的结果将学生分为三类：高于标准、接近标准、低于标准，同时可向教师、家长、学生提供有关信息，如学生已经掌握了哪些概念，有哪些方面还需要额外的帮助。教师可在全学年的教学过程中根据课程教学进度灵活使用中期评估模块。

2.4.3 总结性评估系统：年终测试

总结性评估是在学年末对学生英语和数学的学业成就

和进步情况所进行的评估。评估的对象是 3 年级、5 年级、6 年级、8 年级、11 年级的学生。评估的内容有英语（主要包括阅读、写作、听力、研究）和数学（包括概念和程序、问题解决、模型和数据分析、推理）。评估的方式有两类：计算机自适应测验和表现性行为任务。评估的结果一方面能准确反馈学生的学业成就（学年结束时学生掌握了多少知识和技能）和学生的成长（学生比上一个学年进步了多少）；另一方面可向教育行政部门提供与学校、学区和州的教育问责相关的信息。目前有超过 220 所大学采用 SBAC 的高中总结性评估结果作为大学入学和学分课程的依据。

总结性评估采用了计算机自适应测验（computer adaptive testing，CAT）教育测量技术，CAT 可根据学生的作答调整试题的难度，即如果学生作答正确，则下一道试题会更难，如果学生作答错误，下一道试题会更容易，为每一个学生提供适合其水平的测试试题，因而可以快速测试出学生所掌握的知识和能力水平，从而实现对每一个学生的知识和能力水平进行精准的测试。

数字图书馆、中期评估系统和总结性评估系统三个部分组合成一个辅助教师教学、学生学习、对教与学评估反馈的有机整体。三者构成了一个畅通的良性循环系统，使教师在教，学生在学的过程中能够清晰和明确教与学的方向。三个模块构成了一个畅通的教学、反馈、助教与助学的教育循环系统，将原来相对独立的教育督导、教育研究、考试命题、学校等机构在功能上联合起来形成完整的教育链，既可以增加教育效益，又可以减轻教师和学生的负担。

4 700 多名州教育机构人员、教师、高校教授和其他教育工作者参与了 SBAC 的创建和开发。自 2010 年开始研发，至 2014 年夏季、2014 年冬季、2015 年春季，数字图书馆、中期评估系统和总结性评估系统分别开始投入正式使用，历时 5 年才初步完成。来自学校的教师们参与了系统开发的每一个阶段，如编写和审核测试题，数字图书馆的创建和核查工具的开发，制定标准，为不同学业成就水平划定及格线，等等。

从 2015 年春季开始，SBAC 开始采用新的测试方式，应用于 3～8 年级以及 11 年级。测试包括英语语言文学和数学两科。测试包括两个部分：一个部分是完成表现性任务（performance task，PT）；另一个部分是基于网络的计算机化适应性考试（computer-adaptive test，CAT）。SBAC 可以对学生进行个别化的定制测试。SBAC 采用了作文计算机自动评分技术，测试项目主要考查审辩式思维、写作和问题解决等重要的技能。用于测试的每道试题都经过偏见和敏感性审核，确保对不分性别、地域、社会经济状况的所有学生都公平。SBAC 可以帮助教师进行专业化发展，向教师提供课内评估工具。目前该套系统已成为美国历史上使用最广泛的教育评估系统。

SBAC 旨在帮助学生为未来的大学学习或就业做好必要的知识和能力准备。SBAC 是一个有效、公平、可靠的学生评估工具，是一个跨年级的纵向学习评估量表，可以为学生、家长、教师、教育管理人员提供可以作为行动依据的评估信息，提供关于学生学习情况的反馈信息，帮助学生改进学习，帮助教师和教育机构改进教学。

SBAC 由"助力"公司提供技术支持。"助力"公司是一家专门从事网上学习课程开发的科技公司，在网络学习课程开发方面积累了较丰富的经验，拥有较强的实力。

2.5 纵向量表 PARCC

与 SBAC 联盟类似，PARCC 联盟于 2010 年由科罗拉多、阿拉巴马、伊利诺伊、亚利桑那等 24 个州的教育主管部门联合成立。一些州同时参加了 SBAC 联盟和 PARCC 联盟，如德力瓦尔州、北达科他州等。发起人中还包括美国国防部教育中心（Department of Defense Educational Activity）和联邦印第安人教育局（Bureau of Indian Education）。

PARCC 也被用于测试基础教育 3 ～ 11 年级学生的学业水平，包括语文和数学两科，主要考查顺利完成大学学习和胜任职业所需要的知识和能力，考查范围包括学术知识，审辩式思维，运用知识解决问题，在收集信息的基础上形成个人看法的能力，论证并能够与他人沟通个人想法的能力，等等。许多教育工作者参与了 PARCC 测试系统的开发，其顾问委员会包含 200 多位资深教师。

PARCC 包含一个被称为"联盟资源中心"（Partnership Resource Center）的资源图书馆，这个资源图书馆可以帮助学生获取适合自己阅读水平的阅读材料，从而更好地为进大学深造或就业做好准备。

PARCC 曾经是一个主要以纸笔方式进行测试的系统，目前，正在实现从纸笔方式向计算机化网络考试的转变。迄今为止，绝大部分考试已经实现了计算机化。在计算机化考试方面，PARCC 得到了国际学习领域的 Pearson（培生）和 TAO 两大巨头公司的支持。

联盟成员各州在使用 PARCC 的时候，通常会根据本州的实际情况，对 PARCC 所提供的测试进行取舍和选择。

2.6　成长评估在未来选拔性考试中的应用展望

中考、高考、研究生考试等属于选拔性考试。选拔性考试关注的焦点是"预测"，预测考生在高中和大学阶段的学习表现。

任何预测都是一种发展趋势预测。为了进行预测，至少需要有不同时间的两个观测点。

从图 2-4 中可以看出，过 B 点可以做无数条直线，仅仅根据一次观测的成绩无法推断一个人的发展趋势。就是说，一次性测验分数不具有预测意义。

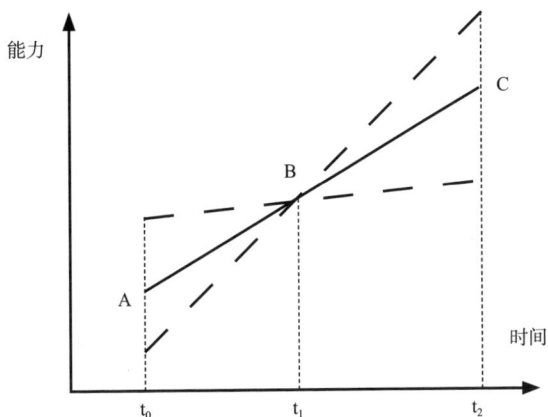

图 2-4　预测模型

至少在时间 t_0、t_1 两次观察取得 A、B 两项成绩时，才能过两点做一条直线，从而预测 t_2 时的能力状况 C。

两次观察是进行预测的最低限度条件，但远非充分条件。t_0、t_1 两次观测的误差，可能使对 t_2 时状态的预测存在较大误差。如果有多个观测值，就可以根据多次观测值计算一条回归线，从而提高预测的准确性。

不难理解，根据"达标评估"是推不出"潜力"的，只有"成长评估"才能成为推断和预测"潜力"的依据。

在未来的选拔性考试中，将会更多地参考多次性"形成性评价"的结果，而不仅仅是一次性"总结性考试"的成绩。[1]

---

[1] 谢小庆. 心理测量学讲义. 武汉：华中师范大学出版社，1988：233-238.

作为成长
评估基础的教育理念

成长评估是基于一系列新教育理念之上的。这些理念包括：对新一轮学习革命的理解；对"能力发展"的理解；对"发展核心能力"的理解；对"以学生为中心"教学方式的理解；对"个性化学习"的理解；对"认知诊断"的理解。

3.1　新一轮的学习革命正在向我们走来

20 世纪 90 年代初期，我与美国的朋友通信，正常情况下单程需要 7 天，14 天后才可以收到回信。一个多月后才收到回信也不算意外。今天，我已经可以通过网络与在纽约的朋友视频聊天了。

在美国国家教育测量学会（National Council on Measure ment in Education，NCME）年会期间，NCME 安排资深教育测量专家们进行专业培训，集中介绍教育测量领域的一些最新进展。这些培训课程向亚洲、非洲和南美洲的一些国家免费直播。与美国课堂现场的学员们一道，北京语言大学教育测量所的研究生们可以通过网络收看这些培训课程。借助专用的网络教学软件，北京的学员不仅可以在同一个屏幕上同步看到讲课教师和 PPT 课件，而且随时可以向讲课教师提问。

伴随着计算机和网络的发展，一些工种消失了：铅字排版、电报收发和译码……伴随着计算机和网络的发展，一个又一个行业被颠覆了，电报、邮政、图书出版、音乐制作、大众传媒、商品零售……互联网正在冲击传统的学习方式，新一轮的学习革命正在向我们走来。

我们不能把"学习革命"仅仅理解为借助新技术向学习者提供更丰富的学习资源。这算不上"革命"，充其量只是一种改善，一种改良。标志学习革命的关键词包括能力发展、自主学习、个性化学习、认知诊断、审辩式思维、成长、增值等。

3.2　知识积累与能力发展

教育工作者聚在一起谈论最多的话题往往是："究竟

什么是能力""怎样才能考查能力"。

对于知识与能力的区别，中国的古人早就做出了非常清楚的回答："授人以鱼，不如授人以渔。"送给别人一些鱼，不如教给别人一些打鱼的方法。鱼，就是知识；渔，就是能力。知识性考试，就是看一个人篓子里有多少条鱼；能力性考试，就是让一个人打两网鱼看看，看其打鱼能力的高下。

"鱼"和"渔"之间有区别，"知识"与"能力"之间也有区别。在心理学中，能力和知识是一对既有联系又有区别的概念。能力的形成离不开知识的积累，但能力不是简单的知识积累。二者的区别主要体现在以下几个方面：

（1）二者的影响面不同。知识仅仅影响到一个人在有限领域中的活动，例如，光学知识仅仅影响一个人解决有关光学方面的问题，国际法知识仅仅影响一个人解决有关国际法方面的问题，对他在其他方面的活动影响并不大；能力则影响到人在较广领域中的活动，例如，逻辑推理能力影响到一个人的多种活动，影响到一个人治学、经商、从政等许多方面的活动。智力是最核心的能力，几乎影响到人的一切活动，从洗衣做饭唱歌跳舞，到格物致知修身齐家治国，各种活动都会受到智力的影响。

（2）二者的变化速度不同。相对来说，知识是一种"快变量"，既可能通过强化训练而获得，也可能由于遗忘而失去。能力则是一种"慢变量"，能力的形成过程恰似"冰冻三尺非一日之寒"，不是一朝一夕的事情。

（3）二者的变化方向不同。能力的变化基本是单向的，只增长，不减少，用数学的语言讲，是"单调增变量"。在衰老之前，能力呈单向增长的变化趋势。能力一旦形成，一般在衰老之前不会失去。知识则不同，是"非单调增变量"，变化是双向的，可能增加，也可能减少。三角公式、化合物的分子式、积分公式等知识，我们大多曾经具有，也曾经应付过相应的考试。今天，许多已经遗忘了。

（4）二者所关注的时间点不同。我们在讲知识的时候，通常关注的是一个人的当前已有水平，关注的是"他现在能做什么"；我们在讲能力的时候，通常关注的是一个人的未来发展潜力，是他的未来发展可能性，关注的是"他可能做什么"。

了解了知识与能力之间的差异，就很容易发现能力性考试与知识性考试的不同。知识性考试主要考查某一特定专业领域的知识内容，如字词知识、语法知识、代数知识、几何知识、光学知识、民法知识等。能力性考试则主要考查那些影响活动较广的、比较稳定的、潜在的、不易受到环境影响的心理特征。能力考试不同于知识考试，与知识考试相比，能力考试的特点主要表现在以下几个方面：

（1）不容易受到强化辅导的影响。在知识考试中，一些实际能力和学习潜力并不很强的人，可能会借助强化辅导和死记硬背而取得高分。相反，一些具有较强潜在能力的人，可能由于不善于背书和不善于应付考试而得分不高。知识考试很大程度上反映的是一个人对于考试的准备程度而不是实际的能力水平。在知识考试中，准备 3 个月的人通常会比准备 1 个月的人更容易取得好的成绩，接受过特殊辅导的人往往比没有接受过特殊辅导的人更容易取得好的成绩。有的时候，知识考试成绩所反映的是辅导教师的水平而不是学生的实际水平。与此相反，要想在能力考试中取得好成绩，除了长期积累，别无捷径。

（2）对记忆力的要求较低。多数考试的目的是考查应考者是否具备完成某些工作、学习任务的能力。招生、招聘考试的目的是预测应考者以后的学习、工作表现。考试内容的确定必须从考试目的出发。在知识考试中，一般需要考生记忆一些知识内容，对考生的记忆力有较高的要求。记忆力是人的基本的心理能力，较好的记忆力是完成工作、学习任务的条件之一。但是，取得成功所需要的能力是多方面的。与记忆力相比，可能言语运用能力、计算能力、判断推理能力等更为重要。记忆力较强的人一般容易在知识考试中取得好成绩，但是，在实际工作中，记忆力强的人并不一定是最成功者。

（3）更多地着眼于潜力。能力考试往往更关注受测者潜在的心理特征而不是现实具有的知识技能。例如，在用于招收飞行员的能力考试中通常包含反应速度、情绪稳定等要素；在飞行员知识技能考试中则包括机械原理、飞机结构、驾驶操作规程等内容。具备一定的能力是成为合格飞行员的必要条件，但不是充分条件，只有经过学习和训练掌握了一定的知识技能才能将潜在的可能性变为现实。

举几个比较典型的能力考试的例子：

（1）美国的高考——学习评价测验（scholastic assessment test，SAT）。SAT 包括普通 SAT 和 SAT 学科考试（subject test）。普通 SAT 是一个能力考试，包括"基于证据的读写"（evidence-based reading and writing）和数学（math）两个部分，实际是言语推理和数量推理。普通 SAT 虽然是美国大学招生的重要依据，但是涉及的知识却很有限。在"考试说明"中，特别强调了"不考关于特定主题的知识"（topic-specific knowledge is never tested）。SAT 学科考试则是一组知识考试，包括英语文学、数学、历史、化学、物理、法语、西班牙语等十几个学科考试。美国的多数大学仅要求普通 SAT 成绩，只有一些著名学校的某些系、科要求一到两门 SAT 学科考试成绩。

（2）美国的研究生入学考试——研究生水平考试（graduate record examination，GRE）。与 SAT 的结构类似，GRE 包括"GRE 普通"和"GRE 学科考试"两部分。"GRE 普通"是一个能力考试，包括言语推理（verbal reasoning）、数量推理（quantitative reasoning）和分析性写作（analytical writing）三个部分。"GRE 学科考试"包括英语文学、数学、物理、化学、生物等学科考试。美国的多数大学仅要求"GRE 普通"成绩，只有一些著名学校的某些系、科要求一到两门"GRE 学科考试"的成绩。

（3）用于我国公务员录用的《行政职业能力测验》（以下简称《行测》）。《行测》包括言语理解、数量关系、判断推理、常识判断和资料分析五个部分，主要通过言语、数量、常识、图表等不同方式考查应考者的推理能力。从 1989 年开始，国家人事部就在政府工作人员录用考试中引入了《行测》。当时，《行测》是我国各种正式考试中唯一的一个能力考试。最初，《行测》在笔试中仅占 10% 的比重，今天，《行测》分数占笔试分数的 50%，而且只有《行测》分数达到最低分数线，才能进入面试。

成长评估只能是关于能力（competence）或核心（core）能力的评估，不会是一种关于特定知识记忆的评估。

3.3 发展核心能力

21世纪，科技和社会发展的速度让人瞠目结舌，新职业不断涌现，劳动力在不同职业领域之间的流动加快，知识快速老化和更新。今天的学生10年后将要从事的行业可能目前还没有出现，今天的一些热门行业那时可能已经消失。

移动互联使知识的获取日益便捷。以往，需要在图书馆中查找多日的资料，今天，借助智能手机，就可以随时随地查阅。

学习者要想在未来的激烈竞争中立于不败之地，要想避免在未来的职场上被智能手机和机器人所取代，不仅需要积累知识或获得"一技之长"，更需要发展自己的核心能力。

什么是核心能力？英国在 20 世纪 90 年代初就开始关注这个问题。当时，日本的经济如日中天，而英国的经济一团糟。英国人在思考：我们的牛津大学、剑桥大学、伦敦大学培养了那么多的诺贝尔奖获得者，而日本人拿到诺贝尔奖的人屈指可数，为什么英国的经济却不如日本？英国人反思的结果是：英国的教育出了问题。于是，20 世纪 90 年代初英国启动了一个由政府主导的"以职业资格取得成功"（qualifying for success，QfS）的大规模的教育改革计划，提出了六项"核心技能（core skill）"：

（1）交流（communication）。

（2）数字应用（application of number）。

（3）信息技术（information technology）。

（4）与人合作（working with others）。

（5）自我学习和操作能力的提高（improving own learning and performance）。

（6）问题解决（problem solving）。

从 20 世纪 80 年代开始，我国当时的劳动部就很重视向英国和德国学习。1998年，原劳动部在部级重点课题《国家技能振兴战略》中，借鉴英国的经验，提出了八项核心技能：

（1）交流表达。

（2）数字运算。

（3）革新创新。

（4）自我提高。

（5）与人合作。

（6）问题解决。

（7）信息处理。

（8）外语应用。

在英国人的六项核心技能之上，增加了"革新创新"和"外语应用"两项。

美国70%的本科学位由组成美国州立大学联盟（American Association of State Colleges and Universities，AASCU）和公立大学联盟（Association of Public and Land-grant Universities，APLU）的520所公立大学颁发。

AASCU 和 APLU 为了对大学进行评估，于 2006 年定义了四项"核心教育成果（core educational outcomes）"：

（1）审辩式思维（critical thinking）。

（2）分析性推理（analytical reasoning）。

（3）阅读（reading）。

（4）写作（writing）。

2014 年，主持 SAT（美国高考）、GRE（美国的研究生考试）和"托福"考试的美国教育测验服务中心（ETS）进行了一项关于核心胜任力（core competence）的研究，提出了六项核心胜任力：

（1）审辩式思维（critical thinking）。

（2）交流表达（written communication）。

（3）定量分析素养（quantitative literary）。

（4）信息技术素养（digital information literary）。

（5）公民使命感和社会参与度（civic competence & engage-ment）。

（6）跨文化和多元视野（intercultural competency &

diversity）。

2016 年 9 月 13 日，教育部主持研发的《中国学生发展核心素养》正式发布。核心素养包括三个方面，六个模块，十八个要素，如图 3-1 所示。

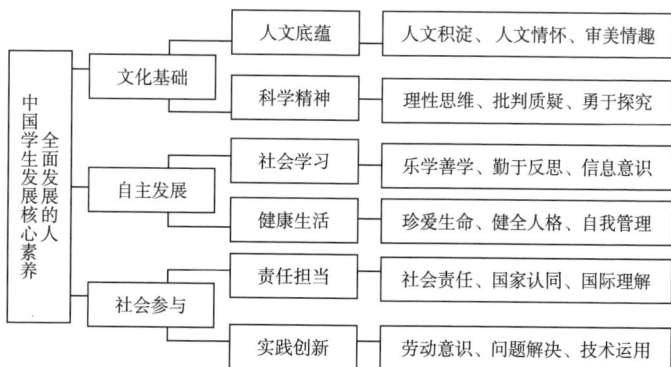

图 3-1　中国学生发展核心素养

2018 年 3 月 28 日，北京师范大学中国教育创新研究院正式发布了《21 世纪核心素养 5C 模型》。

21 世纪核心素养包括：

（1）文化理解与传承（culture competency）。

（2）审辩式思维（critical thinking）。

（3）创新（creativity）。

　　　　　　　　终身成长：创新教育新思维

（4）沟通（communication）。

（5）合作（collaboration）。

由于五项核心素养的英文名称第一个字母都是 C，因此被称为"5C 模型"。

17 世纪的英国思想家弗朗西斯·培根提出了一个影响了几百年、几十代人的口号——"知识就是力量"。2015年 12 月 10 日在上海举办的"中学生批判性思维培养研讨会"上，87 岁高龄的语文特级教师于漪老师提出：未来，"思维才是力量"。以往，在职场中稳操胜券的是"有知识的人"；未来，独领风骚的将是"会思考的人""有智慧的人"。在学校中重要的不再是学知识，而是学思考。

笔者看过很多机构和专家关于"核心能力"的研究结果，综合起来，笔者认为 21 世纪最重要的核心职业胜任力有三项，即：交流沟通（communication）能力，尤其是口头和书面表达能力；逻辑推理（logical reasoning）能力；审辩式思维（critical thinking）。

3.3.1　交流沟通能力：口头和书面表达能力

如今，我们已经进入了信息时代，进入了知识经济时代。今天，已经不能靠拳头把别人打服，只能靠舌头把别人说服。如果你能用你的舌头说服别人掏出他的钱包，从中拿出美元、欧元、日元、卢布、人民币来购买你的技术，购买你的产品，购买你的服务，你就可以过一种体面的生活。

在三项核心职业胜任力之中，最重要的是交流沟通能力，主要体现为母语的口头和书面表达能力。世界各国绝大部分关于核心能力的研究结果都将交流沟通能力列为首位。对于至少 80% 以上的中国人来说，使他们获得职业成功和爱情成功的主要因素并不是外语，而是汉语。中国人学好外语当然很重要，但是，学好汉语更重要。苏步青先生是数学家，曾担任复旦大学校长，他说："如果允许复旦大学单独招生，我的意见是第一堂先考语文，考后就判卷子。不合格的，以下的功课就不要考了。语文你都不行，别的是学不通的。"[1] 毕生从事翻译工作、曾担任中国外文局局长的林戊荪先生曾在不同场合多次呼吁"学好中文"，并建议全国翻译资格（水平）证书考试要加考中文。以往，在对医务人员的资格要求中，语言能力并不是很重要。但是，近二十年来，多家国际医学教育机构所颁布的对医生的最低能力要求中，都将"交流沟通能力"放到了重要位置。

3.3.2 逻辑推理能力

仅次于交流沟通能力的核心胜任力是逻辑推理能力。孔子说："举一隅不以三隅反，则不复也。"教一知一，教二知二，就是掌握了知识。从一可知二，从二可知三，就是学会了推理，就是具备了推理能力。

推理能力可以表现为归纳能力，比如，白猫是动物，黄猫是动物，花猫是动物。据此，提出"猫都是动物"的

---

[1] 苏步青. 学林散叶. 上海：上海人民出版社，1997：250.

猜想。推理能力也可以表现为演绎能力，比如，鸟都有羽毛，喜鹊是鸟。据此，推论出"喜鹊有羽毛"。

几乎进行所有的活动都需要推理能力。阅读理解，需要推理；数学计算和数学证明，需要推理；著书立说，需要推理。对于推理能力，可以纯形式逻辑的方式进行考查，也可以通过言语理解、计算、图形、机械、写作等多种方式考查。

国家公务员录用考试中的《行政职业能力测验》所考查的主要是逻辑推理能力。

从小学开始，学生们大量的时间用于学习数学，数学也是高考的必考科目。对于许多人，曾经学习的数学知识在考试之后就会忘记，在以后的职业生涯中也很少使用。为什么还要花这么多的时间学习数学呢？其实，学数学是在训练自己的逻辑思维，是在发展推理能力。

因此，不论是在高考中，还是在公务员录用考试和教师资格考试中，都将对交流沟通能力和逻辑推理能力的考查放在非常重要的地位。

3.3.3　审辩式思维

作为一名教师，为了帮助学生在这个高度信息化的时代具有职业胜任力和竞争力，为了帮助学生在未来过上一种体面的生活，必须从小注意发展孩子的交流沟通能力和逻辑推理能力，帮助孩子形成必要的口头和书面表达能力，帮助孩子养成按照形式逻辑(formal logic)进行思考的习惯。

作为一个长期关注核心能力发展的心理学者，我清楚地知道，一个人万万不能没有交流沟通能力和逻辑推理能力，但这二者并非万能。在这二者之外，还需要具有审辩式思维。

在学校中被同学打后怎么办？还手？告诉老师？忍了？

要不要给在街上遇到的乞丐零钱？

是像孔融一样自律地让梨让利，还是率真地争梨争利？

是像愚公一样"挖山不止"，还是像智叟一样"绕道出行"？

是像项羽一样"死亦为鬼雄"，还是"不可沽名学霸王"？

要不要让学生背诵课文和名篇？

语文学习是"先认字后读书"，还是"先读书后认字"？

是"集中识字"还是"分散识字"？

是否取消"分省命题"恢复全国统一用一张高考试卷？

高考是否文理分科？

是否取消高考的分省配额而统一按考试成绩录取？

在高考必考科目中是否包含外语？

在高考必考科目中是否包含物理？

是否扩大高校的招生自主权？

是事业第一还是爱情第一？

是否鼓励种植转基因农作物？

要否征收房产税？

要不要征收遗产税？

是否实现土地私有化？

……

所有这些问题，都不存在唯一正确（right，correct，accurate）的标准答案，都不存在合理的（rational or reasonable）标准答案，都仅仅由每个人的普乐好（plausible）选择。所有这些问题，包括其中那些关系到人生道路和个人前途的问题，包括那些关系到个人幸福的问题，包括那些关系到国计民生的问题，都不能仅仅靠交流沟通和逻辑推理做出选择，都需要审辩式思维。

实际上，仅仅诉诸逻辑推理就可以解决的问题是非常有限的，往往是一些并不重要的小事情，例如，一个广西沙田柚的价格是 5 元钱，买 3 个柚子需要多少钱。绝大多数真正重要的问题都不是仅靠交流沟通和逻辑推理能够解决的，都需要在审辩式论证（critical argument）的基础之上做出普乐好的选择。

如果走出课堂，走进实际生活，即使是买柚子这样的"小事情"也不能仅仅靠形式逻辑予以解决。

不论是超市还是街边，实际的情况是：

卖家：1 个 5 元，3 个 13 元。

买家：3 个 12 元卖不卖？

这时，卖家面对 3 个柚子 12 元卖或不卖的选择。

如果卖家的选择是：12 元不卖。那么，买家将面临选择：13 元买不买？

对于卖家和买家，都没有唯一正确的标准答案，也没有逻辑合理的答案。这个问题不能仅仅靠形式逻辑做出选择，还需要借助审辩式思维来做出选择。

2016 年 3 月，计算机棋手"阿尔法狗"战胜了围棋世界冠军李世石，使包括笔者在内的许多人感到意外。在中国象棋和国际象棋领域，计算机早就战胜了人。我知道，在围棋中计算机迟早也会战胜人，但是没有想到这一天来得这样快。计算机在围棋中战胜人之所以比在象棋中困难，是因为围棋有 19 乘 19 行列，可能的棋局变化是一个天文数字，其计算量对于大型计算机也是巨大的挑战。影响围棋胜负的因素再多，棋局变化的可能性再多，也是一个极其巨大但有限的数量，伴随计算机计算能力的增加和算法的优化，终将战胜人力。但是，对于"12元卖不卖"和"13元买不买"这样的问题，影响因素却是无限的。虽然计算机可以战胜李世石，但在可以展望的未来，计算机不可能代替人来回答"12元卖不卖"和"13元买不买"这一类的问题。

因此，第三个重要的核心职业胜任力理所应当是审辩式思维。

什么是审辩式思维？最简单的回答是3句话，12个字：不懈质疑，包容异见，力行担责。

具有审辩式思维的人不轻易相信家长、老师、领导、专家和权威的说法。他们会用自己的头脑独立地进行思考，不懈质疑。他们会想，家长、老师、领导、专家和权威们这样想，这样说，这样做，那么，我自己应该怎样想，怎样说，怎样做。他们会根据自己的思考、学识、情感、经验和理性做出独立判断。这是一个审问、慎思、明辨、决断的过程，这个过程所需要的就是审辩式思维。他们并非一概地拒绝和反对他人的意见，而是在经过自己的思考以后，做出判断，接受或者拒绝他人的意见。

具有审辩式思维的人，不是"手电筒只照他人"，不是仅仅质疑他人，他们会"双向质疑"，既质疑他人，也质疑自己。正是由于质疑自己，他们才会包容异见。他们会想到，别人可能是错的，我自己也可能是错的。

具有审辩式思维的人不是"口头革命派"，不是坐而论道，不是纸上谈兵，而是行动者，而是力行担责。面对复杂、艰难的选择，他们会勇敢地、果断地做出自己的选择并付诸行动，并坦然地面对自己行动的后果，承担自己的责任。

在 2002 年以前，美国的"研究生考试"——GRE 考试包括言语、数量和分析三个部分。在 2002 年 10 月推出的新 GRE 考试中，原有的分析部分被放弃，增加了"分析性写作"部分。在 ETS 官网上对"分析性写作"部分的说明是：这部分测试审辩式思维和分析性写作技能（measures critical thinking and analytical writing skills）。

具有审辩式思维的人知道，对于复杂的科学问题和社会问题，常常并不存在唯一正确的标准答案。对于一个理论、一个观点、一个命题的论证，不是一个可能立即得到答案的实验室研究，不是一场可以决出胜负的球赛。好多问题并不存在唯一正确的标准答案，关于这些问题的争论会长期存在。

人们发现，一个新理论、新观点被接受，一个旧理论、旧观点被放弃，往往是一个漫长的过程，是一个旷日持久的论证过程。持有某种观点的人完全将自己的论辩对手说服的情况很少，持有某种观点的人将所有的论辩对手说服的情况也很少。

从小发展学生的审辩式思维是培养创新型人才的重要举措。创新始于对成说的质疑，具有审辩式思维是创新型人才的重要特征。在一些教育文献中，强调发展学生的"审辩－创新思维"（critical & creative thinking）。中山大学专门研究思维的熊明辉教授将自己的核心概念称为"批创思维"——批判创新思维。

人们对审辩式思维的关注缘于对二战悲剧的反思。德意志是一个具有思辨传统的民族，曾涌现了包括莱布尼茨、康德、黑格尔、马克思、尼采、叔本华在内的一大批伟大的思想家。这样一个具有良好教育传统和思辨传统的民族，为什么被一个希特勒给忽悠了？是因为德国的教育不重视传授知识吗？是因为德国的教育不重视发展学生的交流沟通能力和逻辑思维能力吗？显然不是。问题在于，德国的传统教育中没有重视发展学生的审辩式思维。正是基于这种对二战悲剧的反思，人们才开始关注在教育中从小发展学生的审辩式思维。

今天，迫切需要改变陈旧的学习方式，不应再简单地向学生灌输特定的结论，而应倡导研究性的学习，注重发展学生的审辩式思维，使学习成为一个探索和发现的过程，而不仅仅是一个记忆和复制的过程。

今天，审辩式思维已经成为国际教育领域中谈论最多的话题之一，"审辩"成为使用频率最高的教育词汇之一。国际教育界已经形成共识：教育最重要的任务之一是发展学生的审辩式思维，审辩式思维是最值得期许的、最核心的教育成果。审辩式思维是教育的解放力量，是私人生活和公共生活的强大资源。审辩式思维是创新型人才最重要的心理特征。审辩式思维不仅是持续钻研的动力，而且是理性和民主社会的基础。

几乎所有对世界各国教育有所了解的人的共同感受是，与发达国家相比，今日中国学校中最缺乏的就是审辩式思维，这是中国教育的"短板"。清早，中国妈妈在幼儿园或小学大门口与孩子道别时最常说的一句话是："听老师的话。"在发达国家，妈妈们会说："过上精彩的一天（have a great day）。"

那些从小习惯于"听妈妈的话""听老师的话"的孩子，能否成为创新型人才？在未来激烈竞争的社会中，他们是否具有竞争优势？这些，是我们需要认真对待的问题。

发展学生的审辩式思维应是小学、初中、高中、大学、研究生各个学习阶段的主要任务之一，应是语文、数学、物理、化学、历史、地理等各个学科的主要教学任务之一。为了培养出具有审辩式思维的学生，教师首先需要具有审辩式思维。这样，不仅能帮助学生提高交流沟通和逻辑推理能力，而且能帮助学生养成不懈质疑、包容异见和力行担责的思维习惯。

3.4　以学生为中心

上海格致中学校长张志敏曾在"中国·北美国际教育交流论坛"上就"我的成长我做主——格致中学学生全生涯增值性评价"做了深刻阐述。张志敏校长举了一个发生在格致中学的真实案例，他说：我们的一个学生，父母都是医院的主任医生，他们家族三代从医，因此，希望这个学生能报考医学专业。填报草表的时候父母给填的医科。但是，在提交官网的前一个小时，他模仿父母的签字把志愿给改了，报的是和医学完全无关的专业，为什么会这样？这凸显了什么？为什么孩子的成长不能自己做主？为什么不能以学生为中心？可能说我们的孩子不成熟，没有社会经验。但是，每一个人不都是在不成熟中走向成熟的吗？每一次尝试不也是一种学习吗？所以，我们学校在八年前做了全生涯增值性的校本评价。这个校本评价的背景是这样的：很多学生要出国留学，希望学校能提供一些成长经历之类的素材，作为报告呈现给国外学校。但是学生没有记录，班主任也不记得，学校也没有存入档案。很多学生光靠高中三年参加了什么考试和托福成绩来申请国外大学，往往国外大学录取时只认其中的一部分。有一年哈佛大学监事作为访问学者访问我校，我就向他咨询在中国招生的标准。他说了以下三点：第一，学业成绩在同龄人中排名前5%；第二，学生是否有领导力；第三，有没有社会责任感。这给了我一个启发：我们育人，到底是为了什么，仅仅是为了升学？严文蕃教授也说了，生涯不只是为了升学，生涯为了升学是功利的做法，它是为发展人服务的，新时代教育不是发展分数策略。

1921 年，毛泽东同志在《湘江评论》杂志发表了《湖南自修大学创立宣言》一文。文中在讲述创立自修大学的缘由时，对当时的学校进行了批评。他说，学校的"坏处是用一种划一的机械的教授法和管理法，去戕贼人性。人的资性各有不同，高材低能，悟解迥别，学校则全不管究这些，只晓得用一种同样的东西去灌给你吃。人类为尊重性格，不应该说谁'管理'谁，学校乃袭专制皇帝的余威，藐视学生的人格，公然将学生'管理'起来。自有划一的教授，而学生无完全的人性。自有机械的管理，而学生无完全的人格。这是学校的最大缺点，为办新教育的人所不能忽视的。"[①]

从 1921 年到现在，已经过去了近百年，毛泽东同志所批评的学校这些"坏处"是否得到了纠正呢？我与许多大、中、小学校的校长和教师讨论过这个问题，绝大多数人的回答是：不仅没有纠正，而且愈演愈烈。

[①] 毛泽东. 湖南自修大学创立宣言, 中国共产党干部教育世纪历程. 北京：党建读物出版社，2013：26.

只有受到尊重的人，才懂得自尊。只有拥有自尊的人，才会尊重他人。个人的幸福，很大程度有赖于自尊的养成；社会的和谐，有赖于公民自尊的养成。为了养成自尊，需要使学生在学校中受到尊重，使他们从小成为学习的主体，而不仅仅是教育的对象。

2009 年 10 月 28 日，笔者邀请澳大利亚墨尔本大学教育学院外语教育主任维多利亚州汉语教师培训中心负责人简·奥登（Jane Orton）博士与北京语言大学教育测量研究所的研究生们进行了一次座谈，奥登博士进行了一次题为《文化和教育思想——以学生为中心的教学》（Culture and Pedagogy : Learner-Centered Teaching）的谈话。

奥登博士谈道：不论穷富，不论是国王还是乞丐，不论是教授还是文盲，一个人是进步还是堕落，完全是由他自己决定的，父母、老师、朋友、情人，甚至牧师的努力都不能替代，只能靠自己努力。你要对自己的行为负责，要对行为的后果负责。

从这种个性主义的观点出发，学习的目的就是帮助人克服做错事的倾向，帮助人避免做错事。第一，使孩子知道，自己要对自己的行为后果负责，不能让老师为自己负责，也不能让父母为自己负责。第二，要了解世界上的因果关系，了解事物之间具有因果联系。这是当代"以学习者为中心的教学"的价值和哲学基础，是其思想内核。

学习的重要任务是建立责任意识，是孩子自己尝试做出一些选择并观察结果。因此，孩子需要不断地进行尝试，尝试一些错误的选择，有时可能会因此受到伤害。当然，要避免严重的伤害。因此，孩子经常需要自己做出选择（例如，你要买什么颜色的牙刷？），而不是依靠别人为自己做选择（例如，蓝色的好看，买蓝色的牙刷吧）。

奥登博士的这次谈话，使我们认识到，帮助孩子从小就养成"自己对自己负责"的责任意识，是家长和教师最重要的责任。而责任意识，也将成为伴随孩子终生的宝贵财富。

3.5　个性化自主学习

成长评估是基于对个性化自主学习的理解，正视"个别差异"（individual difference）。世上没有相同的两片树叶，也没有相同的两个人。统一的标准（standard）很难适用于所有人。成长评估模型体现了人工智能时代一种个性化学习（individualized learning）的思路。

传统的西方和东方的教育都是个性化的，西方是家庭教师，东方是私塾。工业化以后，效率大大提高了，一名老师教几十个学生，效率虽然提高了，但学生丧失了个性。

今天，在许多学校中，学生之间的个别差异尚未受到足够的重视，每个学生的个性尚未受到足够尊重。多数学校中，教师还是学习过程的主导者，学习过程还主要是一个学生被动地"要我学"的过程，而不是一种学生主动地"我要学"的过程。今天，"厌学"仍然是困扰教师和家长的大问题。

从 2001 年"新课程改革"推进以来，许多教师都看到过这样的现象：学生一旦自己站在讲台上进行学习成果展示，就会兴高采烈，眉飞色舞；一旦面对老师站在讲台上喋喋不休，就会没精打采，垂头丧气。显然，父母再尽心尽责，也不能代替孩子去生活；教师再努力，也不能代替学生去学习。真正的学习过程只能是一种自由、自主的过程，只能是愉快地享受探索乐趣的过程。

伴随"新课程改革"的深化，越来越多的教师开始理解，知识的积累不等于能力的发展，就像"台词"背得再多、再好，也只能是演员，成不了剧作家。台词功夫和写作功夫是两种能力，"台词"有一天是会忘的，而"写作功夫"是不太容易丢掉的。学习的主要任务不是提高自己"能记、能背"的水平，而是发展自己"能说、能写"的能力；不是要成为能把老师的话背得很好的人，而是要成为能把自己想说的话说出来、说得好的人。

在一次教育讲座中，一位澳大利亚的中学物理教师讲：我教了 30 年的物理课。第一个 10 年，我是"教物理"；第二个 10 年，我是"教探索"；第三个 10 年，我不再是"教"学生如何探索，而是"支持学生自己去探索"。

他的这段话，集中地说明了他 30 年教学生涯中的教学思想的两次转变。第一次从"知识传授"转向"能力培养"，第二次从"教师主导"转向"学生自主"。

在以学生为中心的学习中，学生不再被视为一个可以装进一些知识的"口袋"或"硬盘"，也不再被视为一只通过训练就可以获得某种能力的"巴甫洛夫的狗"或"斯金纳的鸽子"，而是被视为一个有好奇心、有求知欲、有情感的人。不同的学生需要以不同的方式、不同的节奏来满足自己的好奇心和求知欲，来完善自己的人格，来发展自己的能力。在科技迅速发展、社会快速变化的 21 世纪，需要改变以往像工厂生产标准化产品一样生产统一规格学生的学习方式，需要改变像马戏团训练小狗整齐划一地表演节目一样的学习方式，需要找回在工业化过程中丢失的个性化学习。

"要你学"的灌输，往往是事倍功半；"我要学"的追寻，却往往是事半功倍。孩子们拥有不同的性别、成长经历、生活环境以及智力和心理发展的水平，他们的好奇心和求知欲，绝不是"齐步走"的学习可以满足的，不同的孩子需要通过读不同的书来满足自己的好奇心和求知欲。

美国耶鲁大学管理学院终身教授、经济学家陈志武在2008年发表的一篇文章中讲述了自己在美国长期生活和伴随两个女儿长大的经历。他写道："我女儿每个学期要为每门课做几个项目，这些项目通常包括几方面的内容：一是针对自己的兴趣选好一个想研究了解的题目或课题。二是要找资料、收集数据，进行研究。三是整理资料，写一份作业报告。四是给全班同学做5～15分钟的讲解。这种项目训练差不多从托儿所就开始。写好报告以及讲解文稿后，她在全班同学面前讲解她的这些分析结果。我觉得这样的课程项目研究与讲解是非常好的一种训练。实际上，她在小学做的研究与写作跟我当教授做的事情，性质差不多，我做研究要上网找资料，而她也是为每个题目上网找资料、做研究，她写文章的训练也已经很多。"[1]

我曾听到过许多像陈志武这样的华人父母感叹美国的

---

[1] 陈志武. 教育不转型，国家只能卖苦力. 留学生，2014（4）：27-29.

教育，他们都有一个共同的感受：与自己在国内接受的中小学语文教育相比，美国儿童的阅读量要大许多。

我们确实需要认真思考学习观念的转变问题，逐步实现从"教师为主"向"学生为主"的转变。

在现代的学校中，教师的主要职责不再是"教育"，而是"帮助"和"支持"；不再是"训练学生"，而是当学生在学习过程中遇到困难的时候，向学生提供帮助；不再是在前面带着学生跑，而是在旁边陪着学生跑，在后面推着学生跑；不再是把学生视为"口袋"向里面装"知识"，而是把学生视为独一无二的、有个性的人并帮助他获得发展；不再是把学生视为可以向其复制数据的"硬盘"，而是把学生视为一个具有自我学习能力的搜索引擎。这时，教师所关注的不是让学生记住特定的学科知识，而是要帮助学生保持探索世界的兴趣和学会探索世界的方法；所关注的不再是如何把学生训练成能把"台词"背得很好的演员，而是帮助学生说出自己想说的话，帮助学生在人生的舞台上成为编剧。

计算机和互联网的发展使个性化的学习重新成为可能，人工智能可以替代许多以往老师所从事的讲课、批改作业的工作。科学技术的发展为重新找回个性化学习提供了可能性，为基于个性化学习的成长评估提供了可能性。

今天，社会正在为各行各业提供越来越多的个性化、订制化的（customed）服务，出现了订制化的美容、汽车、网页、健身等方面的服务，学校也需要向学生提供订制化的教学服务，尽量为学生提供"自助餐"，尽量避免仅为学生提供"标准套餐"。

正是基于这种"个性化学习"的教育理念，我们才需要进行成长评估，不仅关心学生是否达到了某个统一的标准，而且关心是否每一个学生都获得了实际的成长。

3.6 认知诊断

近几年，认知诊断（cognitive diagnosis）是教育研究领域中的一个热门话题，大量的博士生、硕士生都将认知

　　　　　　终身成长：创新教育新思维

诊断作为研究课题。

传统的考试仅仅报告一个总分。获得相同总分的人，可能具有不同的认知结构和认知过程。认知诊断研究将认知心理学和心理测量学相结合，借助现代的统计方法和计算机技术，对学生的认知结构和认知过程进行个性化的诊断分析，向学生、教师和家长提供更为丰富的反馈信息，对进一步的学习和教学提出更具体、更有针对性的建议。认知诊断过程可以发现每位学习者的知识掌握状况，发现每位学习者的认知结构，并提出补救建议。

只有借助现代的统计工具、高速计算机和网络环境，才可能根据每位考生在考试中的反应做出认知诊断。今天，已经发展出多种认知诊断的数学模型，包括规则空间模型、统一模型、融合模型、DINA 模型、属性层级模型等。

根据认知诊断的观点，考试不应仅仅提供一个笼统的"总分"，而应该进行描述性计分（descriptive scoring）。例如，美国教育测验服务中心（ETS）在美国的"高考"——SAT 中，在《初级学术评估测验》（Preliminary

Scholastic Assessment Test，PSAT) 中，都采用了描述性计分系统。这一系统不仅报告总分，而且力图向考生、教师、家长提供关于考生的优点和不足的更丰富的诊断信息。

描述性记分的关键步骤是对测验所要测量的能力进行特征(feature)定义，定义这种能力所具有的属性(attribute)，详细描述学习的进程，界定不同的认知模式和不同的问题解决路径。

这样，借助网络、测量技术和计算技术，借助评估，可以向学生、教师和家长提供及时的、有针对性的认知诊断服务。

教育考试的认知诊断更多的是对具体学科进行诊断，因此，要做好认知诊断工作，还离不开特定学科专家的积极参与。就如成长评估，成长固然是一种教育评价技术，更是一种学习理念。如果以"成长"理念来审视今天的学校教育，不难发现，即使在一些办学条件很好的学校中，成长效应也是很有限的。对于部分学生来说，一个学期中所学的语文知识和算术知识，或许在学期开始的时候他们就已经掌握了。一个学期的课堂学习，对于这些学生的成长帮助是很有限的。

其实，早在半个多世纪以前，中国教育改革的一些先驱者就已经意识到"成长"问题。大约在 1960 年 5 月，北京师范大学实验小学的领导安排正在读小学二年级的笔者跳级到三年级。他们知道，笔者当时已经完全掌握了小学二年级教学大纲中所包含的教学内容，如果让笔者继续留在二年级学习，成长效应几乎是零，这对于笔者无疑是一种生命的浪费。与同时进入小学的同学们相比，笔者提前一年结束了小学的学习。半个世纪后的今天，难道不应该让更多的学生像当年的笔者一样成为幸运儿吗？难道不应该让更多的学生获得更多的成长机会吗？

教育机关不应仅仅关注学生是否掌握了教学大纲中所规定的内容，更应该关注每个学生是否都获得了成长的机会。

常用成长评估模型

常用的成长测量模型可以分为三类：基于纵向量表的成长模型、预测模型和增值模型。

4.1　基于纵向量表的成长模型

基于纵向量表的成长模型包括增分模型、轨道模型和分类模型，这三种模型都是根据跨年级的纵向量表来评估学生学习成绩的成长变化，都是将学生的当前成绩与其过去成绩进行比较，看其取得了怎样的进步成长。

4.1.1　增分（gain score）模型

增分模型在文献中也被称为自我相对成长（growth relative to self）、原始增益（raw Gain）、简单增益（simple gain）、斜率（slope）、平均增益（average gain）、增益 / 斜率－成效（gains/slopes-as-outcomes）等。

这是最直观、最容易理解的一个模型，即计算两次测试的差异，用后一次测试的分数减去前一次测试的分数，二者之差就是成长指标。由于这种方法简便、直观，常常会同时伴随其他方法使用，更是"轨道模型"的基础。因此，这种方法使用非常广泛。

增分模型的具体过程就是计算在一个具有可比性的纵向量表上两次测试之间的差异，或增长幅度。因此，这是一种基于纵向量表之上的成长评估模型。

在成长分数的解释中，主要包含成长描述、成长预测和影响成长的因素分析三种。根据增分模型，主要可以做出关于成长描述方面的解释，难以做出预测和影响因素分析方面的解释。

增分模型需要具有纵向量表上不同时间（通常是不同年级）的两次测试成绩。由于纵向量表的开发非常困难，这种方法的应用受到很大局限。美国为了开发纵向量表投入了大量的人力和物力。迄今为止，我国还很少见到基本符合科学性要求的纵向量表。

增分模型的突出优点是既可以对个人的成长做出描

述，又可以对一个群组（一个班，一所学校，一个学区，一个州）的平均成长水平做出描述。在使用平均成长分数对一个群组进行描述时，需要注意具有相同成长分数的群体可能具有不同的成长分数分布。

图 4-1 以最简单的方式说明了具有相同平均成长分数的两组人可能实际上存在着很大差异。从图 4-1 中可以看出，第一组人每人都获得了成长，成长分数都是 2 分；第二组中一位学生获得了成长，高达 10 分，另外两名学生则未能获得成长。

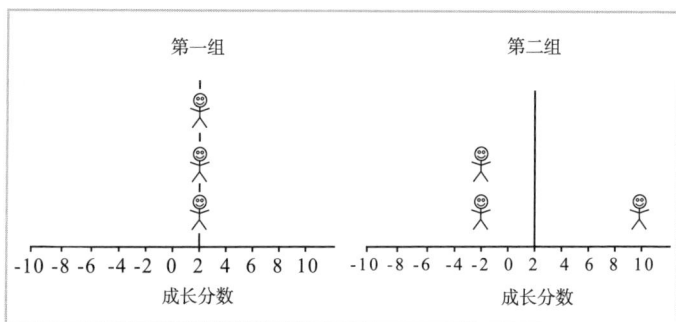

图 4-1 具有相同平均分的两组学生具有不同的分数分布

当将平均成长分数作为学习和教学计划制订依据的时候，需要注意这种分数分布方面的差异，在平均成长分数之外，要进行更精致的统计分析和图像化描述。

在对成长分数的解释中，最简单的解释就是"是否有成长"。如果两次测试之间的增分为零或为负数，则没有获得成长。如果是正数，就是获得了成长。成长分数的数值越高，意味着更多、更明显的成长。通常，伴随年龄和年级的增长，学生都会获得成长。许多时候，人们还希望对成长分数做出"是否足够"或"是否足够好"的解释。这时，就会面对一个标准设定（standard setting）的问题。成长分数达到多少才能算"足够"？才能算"好"？

为了设定标准，通常都会建立一个标准设定委员会。这个委员会会根据收集到的数据，经过经验性的讨论，确定"足够"或"好"的标准。

增分数值可能不足以说明增长的充分性。为了对分数做出更丰富的解释，需要采用所有数据用户都能理解的、更清晰、更统一的分数报告和解释方式，设立"足够"或"好"的标准。建立标准的依据主要包括三类：一是基于纵向量表的标准设定；二是基于常模（norm）的标准设定；三是基于目标（target）的标准设定。

基于纵向量表的标准设置是在纵向量表上设定一些分数线，将量表切分成若干个区间，例如"负成长"（negative）、"低成长"（low）、"足够成长"（adequate）和"高成长"（high）。在及格线确定的时候，标准设定委员会（或小组）会考虑实际的分数分布，尽量使几个线的划定更加合理。委员会（或小组）在划定及格线时面临一个棘手的难题：同一年级内的不同水平与跨年级的不同水平，能否采用相同的及格标准？在及格线设定时，不仅需要为学生设定达到不同水平的及格线，而且需要为群组设定达到不同水平的及格线，如达到"低成长"、"足够成长"和"高成长"的群组标准。

基于常模的标准设定是以"参考组"的增益分数分布为依据，确定期望的增加分数，建立合格标准。"参照组"可以是目标人群的一个具有代表性的静态样本，也可以是根据新收集的数据而不断更新的动态的样本。基于常模的评定通常采用百分等级分数。及格标准也是由标准设定委员会（小组）确定，委员会根据"参照组"的百分等级分布确定几个标准。这种及格标准，可以是应用于每位学生的标准，也可以是应用于特定群体（如一个班级）的标准。在制定应用于特定群体的标准时，委员会可以根据作为"参照组"的多个群体的分数分布确定及格标准。

基于目标的标准设置是根据某个学生或某个学生群体未来将要达到的学习目标来划定及格线。这个目标可以是某个学习阶段的结业要求，也可以是"为大学学习或就业做好了准备"。根据这些需要达到的"目标"（target），确定学生或某个团体的成长是否"在轨"（on track）。这种基于目标的标准设定，多数应用于下一节将要深入讨论的"轨道模型"。

增分模型的优点是简单直观，便于理解。但是，在增分模型的使用中，尤其是在增分模型结果的解释中，存在一个需要非常小心处理的难题。增分模型是基于纵向量表之上的。通常，根据纵向量表所反映的学生成长表现，会存在高分学生成长更快、低分学生成长较慢的情况。这很可能反映的是学生成长的真实情况。仅仅根据纵向量表所反映的这种真实情况，并不能很好地完成增分模型的问责任务。这种简单的增分统计，并不能公平地反映出那些担任低分学生教学任务的教师、机构所实际付出的努力和实际取得的成绩。帮助低分的学生追上来是一件非常困难的事，往往需要借助强有力的教育干预才能实现。在增分模型的应用中，在增分结果的解释中，对此需要保持清醒的认识。

需要注意的是，增分模型依赖于纵向量表，纵向量表本身可能存在效度、信度和公平性等方面的缺陷和不足，这些缺陷有可能在增分模型的使用中被放大。例如，"天花板效应"（ceiling effects）和"地板效应"（floor effects）可能造成对高分人群和低分人群的不公平。

这些都是增分模型的局限性。为了克服这种局限性，需要使用一些更精致的成长评估模型。

4.1.2　轨道（trajectory）模型

与增分模型相似，轨道模型也是基于测试分数的增长。与增分模型不同，轨道模型的关注焦点不是对成长的描述，而是对未来成长的预测。轨道模型所要回答的问题是：这个学生在未来某个时间点，成绩将会怎样？

如图 4-2 所示，轨道模型是根据最初两年观察到的增分幅度，确定今后每年的进步值，最终达到预期的成长目标。在轨道模型中，实际上包含着线性假设，假设未来将以相同的幅度成长。

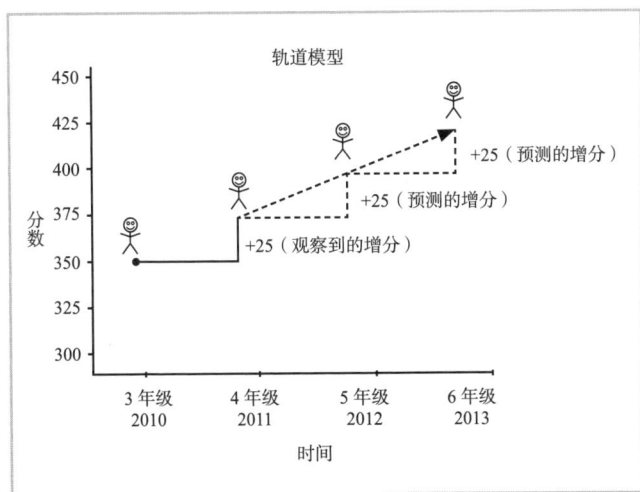

图 4-2　轨道模型示意图

在图 4-2 中，这位同学在 2010 年上 3 年级时的测试分数是 350 分，在 2011 年上 4 年级时的测试分数是 375 分，分数增加了 25 分。根据轨道模型，假设他在未来几年的学习中将获得相同幅度的增长。

采用此模型的州包括阿拉斯加、亚利桑那、阿肯色、北卡罗来纳，佛罗里达、康涅狄格、缅因、明尼苏达等。

我们可以以康涅狄格州为例来说明这一类成长评估模型。康涅狄格州在成长评估中所采用的测试工具是 SBAC。表 4-1 是康涅狄格州 SBAC 测试分数的汇总表，表中包含康涅狄格州 3 ～ 8 年级的 SBAC 测试结果。SBAC 量表的分数范围在 2 100 ～ 2 800。康涅狄格州根据学生实际得分和知识掌握情况为每个年级分别规定了"达标"和"成长"的标准，分别提出了"达标"和"成长"方面的要求。从表 4-1 的左上角到右下角，显示了一个 3 年级学生在经过几年学习后升入 8 年级的渐进成长方向和成长过程，显示了不同水平的学生从 SRAS 的 2 100 分成长到 2 800 分的渐进过程。比如，四年级学生玛丽在 2017 年上 3 年级时在 SBAC 测试的成绩是 2 450 分，这个分数在 2 432 ～ 2 460，属于 3 年级低水平的达标范围，那么，她 2018 年的测试成绩至少要达到 2 450+68=2 518 分，才算获得"成长"。2 518 分已经属于 4 年级高水平的达标范围。就是说，玛丽只要达到 2 503 分，她就实现了"达标"。只有她的分数达到 2 518 分，她才实现了"成长"。

表 4-1　康涅狄格州采用的成长评估汇总表

前一年所在年级	水平	水平一：没有达标		水平二：接近达标		水平三：达标		水平四：超标	
		1—低	2—高	3—低	4—高	5—低	6—高	7—低	8—高
3	范围	2114～2330	2331～2366	2367～2399	2400～2431	2432～2460	2461～2489	2490～2522	2523+
3	目标	82	71	70	69	68	64	60	45/保持
4	范围	2131～2378	2379～2415	2416～2444	2445～2472	2473～2502	2503～2532	2533～2568	2569+
4	目标	82	69	69	64	58	55	49	34/保持
5	范围	2201～2405	2406～2441	2442～2471	2472～2501	2502～2541	2542～2581	2582～2619	2620+
5	目标	69	56	55	48	43	39	30	16/保持
6	范围	2210～2417	2418～2456	2457～2493	2494～2530	2531～2574	2575～2617	2618～2656	2657+
6	目标	73	58	53	47	44	38	33	21/保持

前一年所在年级	水平	水平一：没有达标		水平二：接近达标		水平三：达标		水平四：超标	
		1—低	2—高	3—低	4—高	5—低	6—高	7—低	8—高
7	范围	2258 ~ 2438	2439 ~ 2478	2479 ~ 2515	2516 ~ 2551	2552 ~ 2600	2601 ~ 2648	2649 ~ 2687	2688+
7	目标	69	50	49	44	40	31	20	12/保持
8	范围	2288 ~ 2446	2447 ~ 2486	2487 ~ 2526	2527 ~ 2566	2567 ~ 2617	2618 ~ 2667	2668 ~ 2703	2704+

从玛丽一年（2018 年）的分数中我们只可以看到她的"达标"水平，知道她的水平处于 2 503 ～ 2 532，知道她已经处于 4 年级的"高水平达标"水平。从她两年（2017年和2018年）的分数中，我们不仅可以看到玛丽的"达标"水平，还可以看到玛丽的"成长"，看到与 2017 年相比，她的成绩不仅获得了"增分——68 分"，而且获得了"增级——从低水平达标变为高水平达标"。从两年的比较中，我们看到玛丽在从 3 年级的 2 100 分向 8 年级的 2 800 分渐渐靠拢的进程中所取得的"成长"。

通常，对轨道模型的评估结果仅仅用于个体的解释，对个体的成长进行描述和预测。如果将轨道模型的结果用于群体解释，就需要对组成群体的个体的成长分数进行平均，这种平均数的计算没有多大意义。有时候，为了将成长评估结果用于群体和进行群体解释，一种方式是，将学生分为"在轨"和"不在轨"两类，然后报告群体中"在轨"学生的比例。

在轨道模型的应用中，需要注意的问题包括：

（1）轨道模型是基于纵向量表之上的。轨道模型的信度、效度和公平性很大程度上依赖于纵向量表的质量和适用性。对此，需要保持清醒。

（2）在轨道模型的实际应用中，某些个人或机构可能会为了取得更好的"成长分数"而故意人为降低初始测试的分数。对此，需要预防这种情况的出现。

4.1.3　分类（categorical）模型

"分类模型"实际上是"增分模型"的一个变式。分类模型也是基于增分，与"增分模型"的差距仅仅在于将成绩报告的量表分数转换成了类型分数或等级分数。采用分类模型的州包括特拉华、艾奥瓦等。

分类模型主要看跨年级成绩等级的变化，比如《国家教育进步评估》（National Assessment of Educational Progress，NAEP）项目的测试结果划分为低于基本要求（below Basic）、初级（basic）、达标（proficient）和优秀（advanced）四个等级。如果一个学生从"达到基本要求"上升到"达标"，就代表有进步。

与增分模型相比，分类模型看起来粗糙一些，看起来在分类的过程中损失了部分信息。但是，在某些条件下，分类模型的结果更容易理解，更好解释。

分类模型具有概念简单、清晰的特点，但是，对等级划分有很高的要求，划分等级的标准制定是一个很复杂、很严密的过程。

图 4-3 是一个关于分类模型的示意图。从图 4-3 中可以看出，所谓"分类模型"，就是用若干条及格线将一个量表划分为几段。在图 4-3 中，一个量表被及格线划分为

4 段：低于初级，初级，达标和优秀。

类别	低于初级 Below basic	初级 Basic	达标 Proficient	优秀 Advanced
及格线	100　　　120	150	185	200

图 4-3　关于分类模型的示意图

在实际的评估过程中，需要由一个专家委员会来确定及格线。在及格线的确定过程中，需要考虑到试题内容，试卷难度，学生样本团体在测验上的表现，以及关于各个类别的描述。在及格线确定之前，首先需要对各个类别进行明确的界定，说明各个类别的成就水平和行为表现。如果仅仅将量表划分为几段，没有多大意义，重要的是界定各个类别所达到的成就水平。

分类模型存在的主要问题是，由于为不同的类别划定了及格线，就会出现两种情况：一种情况是两个纵向量表分数差距并不大的学生，却被分到了两个不同的类。例如，如图 4-3 所示，达标的及格分数是 150 分，如果学生甲的分数是 147 分，学生乙的分数是 152 分，虽然两人的分数仅仅相差 5 分，却被划分为"初级"和"达标"两个不同类别。另一种情况是两个纵向量表分数差距较明显的学生，却被分到了同一类。例如，如图 4-3 所示，达标的及格分数是 150 分，优秀的及格分数是 185 分。如果学生丙的分数是 153 分，学生丁的分数是 182 分，虽然两人的分数差 29 分，却都被划分为"达标"类别。

上述几种模型都需要直接看学生本人在前后两次考试中分数或等级的绝对变化，据此回答学生究竟取得了怎样的进步。这几种模式都需要有跨年级的纵向量表。其中，分类模型还需要制定一些表现为及格线或切分点（cut score）的进步标准。在达标标准的制定过程中，既需要考虑各个年级的学生所需要达到的知识和能力要求，又需要考虑本校、本学区、本州同年级学生的一般水平，同时，还要考虑达到最终目标所需年限。

4.2　预测模型

预测模型包含残差、学生成长百分等级和投射三种成长模型。与上述基于纵向量表的三种模型相同，这类成长模型也需要至少两次的测试结果。但是，这类模型并不需要基于跨年级纵向量表，两次或多次测试并不要求采用纵向量表，而是采用线性和非线性的统计模型，主要是回归模型，或者以学生的同年级常模群体作为参照系，或者以大量积累的历史数据和追踪数据作为参照系，刻画学生所获得的成长。

4.2.1　残差模型（the residual gain model）

残差模型也被称为残差差异模型（residual difference model）、协方差调节模型（covariate adjustment model）、回归模型（regression model）和残差百分等级排列（percentile rank of residuals）。

残差模型所要回答的问题是：与根据历史数据计算得到的期望成绩相比，某一学生的实际成绩如何？是高于期望成绩还是低于期望成绩，或者基本与期望成绩相一致。如果实际成绩明显高于期望成绩，我们就可以认为学生获得了成长。

残差模型所采用的是一种很容易理解的回归方法。这种回归方法只能应用于连续数据，数据不能是"及格—不及格"的二分数据，也不能是 A、B、C、D 的等级计分数据。基本计算方法是：在两年的年级成绩之间建立线性回归方程，根据回归方程和某学生上一年的成绩，计算出该学生今年的预期成绩。之后，计算该学生预期成绩与实际成绩之间的"残差"。如果实际成绩高于预期成绩，该学生就取得了比较满意的"成长"；相反，则成长的情况不理想。

我们以一个样本量仅仅有 8 名学生的情况来说明残差模型的计算。在图 4-4 中，根据 8 名学生 3 年级和 4 年级的测试成绩，可以计算得到一条回归线。依据这条回归线，可以根据一名学生 3 年级的成绩来预测其 4 年级的成绩。在回归线上方的 4 名同学，他们的实际成绩（观察成绩）高于他们的预测成绩；在回归线下方的 4 名同学，他们的实际成绩低于他们的预测成绩。

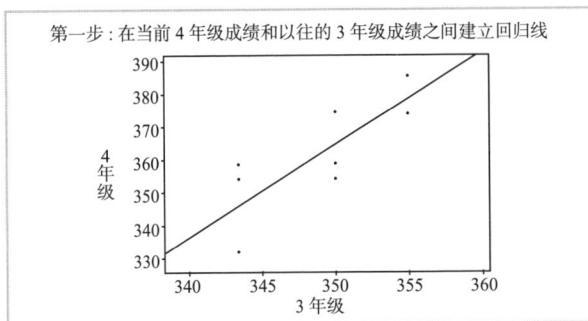

第一步：在当前 4 年级成绩和以往的 3 年级成绩之间建立回归线

图 4-4 残差模型计算的示意图（一）

在图 4-5 中，三年级获得 350 分的学生有 3 位。在四年级的测试中，他们分别获得 355 分、360 分和 375 分。根据回归线，三年级获得 350 分的学生的预测分数（期望分数）是 364 分。

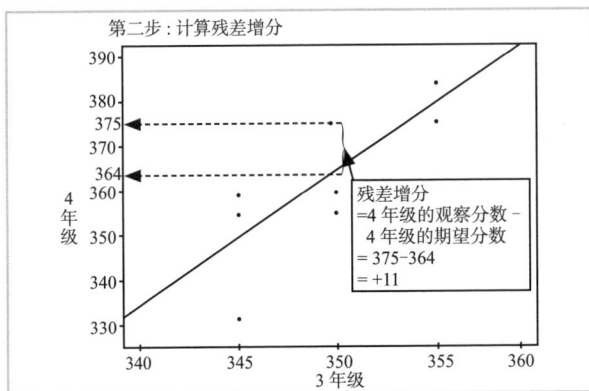

第二步：计算残差增分

残差增分
=4 年级的观察分数 -
4 年级的期望分数
= 375-364
= +11

图 4-5 残差模型计算的示意图（二）

我们很容易计算得到四年级测试中获得 375 分的同学的残差增分：

残差增分 =4 年级观察分数 -4 年级期望分数 =375-364=11

也很容易计算得到 3 年级测试中获得 350 分的另外两名同学的残差增分分别是 -4 和 -9。

残差模型不属于增分模型，对于成长的评估不依赖于一个具有可比性的纵向量表，而是一种"条件状态（conditional status）模型"。其"条件状态"可以根据第一次测试（或上一年测试）的成绩来进行预测。如果某位学生的实际成绩高于预测成绩，就可以认为他获得了"成长"。

从统计学上讲，增分模型是一种基于纵向量表的描述模型，是根据纵向量表上的"增分"来描述学生的成长；而残差模型则是一种统计推断模型，是通过回归模型来推断学生所取得的成长。

残差模型作为一种线性回归模型，包含着两项较强的统计假设：一个是线性假设，假设两次测试（或两个

终身成长：创新教育新思维

学年的测试）之间具有线性关系；另一个是方差齐性假设，假设两次测试具有相同的离散程度。如果有证据显示测试数据不能满足这两项假设，就需要采用其他的成长评估模型。

在实际的操作中，通常会将残差进行标准化处理，处理的方法是进行残差百分等级排列（percentile rank of residual, PRR）。这种处理，与下一节将讨论的 SGP 方法非常相似，区别仅仅在于 PRR 采用的是线性回归，而 SGP 所采用的是分位数回归。

在实际的操作中，也常常需要对成长水平划定基于专家经验的"及格线"，确定"残差"达到何种程度就可以被视为"成长"。也可以用常模的方式来确定成长的标准。例如，可以残差超过 5、15、50 等某一特定数值作为认定"获得成长"的标准。

残差模型与 4.1.1 节中所讨论的增分模型的区别在于，增分模型的数据是实际观察到的增长，而残差模型的数据则是基于一定假设之上做出的估计和推断。在这个推断过程中所包含的主要假设是线性假设和方差齐性假设，这是两个较强的假设。如果实际情况不能满足这些假设，就可能导致较大的估计误差和预测误差。因此，一般不宜将残差模型用于高利害的评估和问责。残差模型可以与其他成长评估模型共同使用，提供互相验证的参考信息。残差模型可以用于一些非高利害的研究项目，如用于对教材或教法的评估研究。

4.2.2　学生成长百分等级（student growth percentile，SGP）模型

SGP 模型最初被应用于科罗拉多州。因此，SGP 模型也被常常称为"科罗拉多模型"。今天，美国有二十多个州采用此模型，占所有使用成长模型的州的一半以上，是美国使用最广泛的成长模型。采用此模型的州包括马里兰、科罗拉多、马萨诸塞，俄勒冈，华盛顿等。

4.2.2.1 SGP 的缘起

既然是评估成长，就至少需要两次测试。获得了两次测试的数据之后，怎样对"成长"进行评估？

第一种可能性，是对原始分进行比较。由于两次测试试卷的难度不同，这种比较并无意义。完全可能由于第二次测试的试卷较难，第二次测试的成绩低于第一次，这并不能被解释为"倒退"。同理，第二次成绩高于第一次，也完全可能是由于第二次测试的试卷比较容易，并不能被解释为"成长"。

当然，如果两次测试的试卷经过等值处理，是可以比较的，也可以做出"成长"的解释。但是，试卷的等值处理难度较大，在许多实际的评估环境中，难以实现。

第二种可能性，是进行名次比较。这种排序比较，既可以看一名学生在两次测试中百分等级的变化，也可以看其标准分数（Z 分数）的变化。这种方法，当然要优于直接进行原始分比较，但是也未必合理。处于不同水平的考生，百分等级的变化不一定可以反映出实际的进步程度。

相对于百分等级从 20 上升到 25，百分等级从 90 上升到 95 可能要更困难。虽然同样是上升了 5 个百分等级，但后者的"成长"或许更明显。

考虑到原始分方法和排序方法的局限性，达米安·比特本纳（Damien Betebeener）于 2009 年提出了 SGP 方法。比特本纳曾在波士顿学院林奇教育学院教育研究、测量和评价系（Boston College Lynch School of Education, Department of Educational Research Measurement and Evaluation）从事关于美国各州教育成长分析的教学和研究，现任职于美国国家教育评估改进中心（National Center for the Improvement of Educational Assessment, NCIEA），曾获得数学和教育测量两个博士学位。比特本纳开发了基于 R 语言的 SGP 数据处理软件——Quantile，借助 Quantile 软件，可以很方便地计算出用于成长评估的 SGP 值。目前，NCIEA 向采用 SGP 模型的美国各州提供便于根据自身需要进行完善的开源（open-source）SGP 计算软件包。①

---

① BETEBENNER D. Norm- and criterion-referenced student growth. Educational Measurement: Issues and Practice, 28(4)：42-51.

比特本纳于2010年在美国国家教育测量协会（National Council on Measurement in Education，NCME）年会上获得 NCME 授予的"教育测量概念公众传播杰出贡献奖"（Out-standing Dissemination of Educational Measurement Concepts to the Public）。他还因其根据科罗拉多州成长数据库开发的数据可视化互动软件而获得世界上最大的数据和文字可视化软件开发商奥多比（Adobe）公司授予的"奥多比高峰奖"（Adobe Max Award）。

今天，NCIEA 向采用 SGP 模型的美国各州提供便于根据自身需要进行完善的开源（open-source）SGP 软件包。借助 Quantile 软件，学生当年的成绩与在前一年测试中获得相同成绩的群体进行比较，计算出其在这一与自己相近水平群体中的百分等级，即在 1 ～ 99 百分等级序列中所处的位置。如果百分等级高于 50，就显示这个学生一年来有所"成长"；如果百分等级低于 50，就显示这个学生的成长效果不理想。

SGP 模型也被称为正态模式（normative model），因为，它假设第一年分数相同群体在第二年所得分数呈正态分布。

4.2.2.2　SGP 模型

与原始分比较和名次比较不同，SGP 是一种基于百分等级回归方法的评估方法。SGP 通过计算一名学生在水平相似的一组学生中相对位置的变化来对"成长"进行评估。如果一名学生在这个群体中的相对位置上升，就可以认为他获得了成长；如果其在这个群体中的相对位置没有上升，就可以认为他未能实现成长。

在 SGP 计算过程中，将学生当年的成绩与在前一年测试中获得相同成绩的群体进行比较。这个前一年测试成绩相似的群体，被称为"学术伙伴"（academic peers）。根据当年成绩计算得到的这位学生在"学术伙伴"中的百分等级（percentile rank），就是 SGP 分数，即他在 1 ～ 99 百分等级序列中所处位置。SGP 分数表达为百分等级，其分数范围是 1 ～ 99。如果一名学生的 SGP 分数是 80，那

　　　　　　　　终身成长：创新教育新思维

么，意味着在这个以"初次测试"定义的"学术伙伴"中，有 80% 的学生成绩等于或低于这名学生。如果百分等级高于 50，就显示这名学生一年来有所"成长"；如果百分等级低于 50，就显示这名学生的"成长"效果不理想。

SGP 模型也被称为正态模型（normative model），因为这个模型假设与考生第一年分数相同的群体在第二年所得分数呈正态分布。SGP 也被称为条件状态模型（conditional status model）。

如果我们有"初测"和"再测"的成绩，我们就可以在二者之间建立一个线性回归方程，就可以根据"初测"的成绩来预测"再测"的成绩。如果一名学生的实际得分高于预测分数，就可以说他获得了"成长"；相反，如果一名学生的实际得分等于或低于预测分数，就可以说他未能获得预期的"成长"。这种方法，就是 7 种常用成长评估模型中的"残差模型"。图 4-6 中的实线就是一条回归线。图 4-6 的横轴是初测成绩，纵轴是根据初测成绩预测得到的再测成绩。

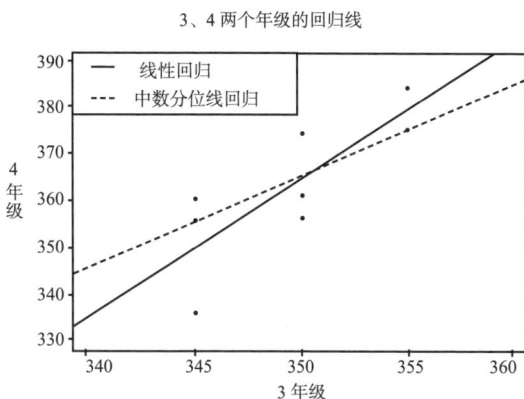

图 4-6　根据两个年级的成绩计算得到的回归线

这个线性回归模型包含两个假设：一是线性假设；二是方差齐性假设。

由于实际评估实践中这两个假设常常难以满足，所以这种方法有时误差较大。SGP 方法不包含这两个假设，具有更灵活的特点。但是，线性回归可以计算得到一条回归线，分位线回归计算得到的却不是一条回归线，而是 99 条回归线。图 4-6 中的虚线是其中的第 50 条回归线。

在小样本中，线性回归与分位数回归的差异较大，但是，在大样本中，二者的差距并不大。

SGP 模型不需要纵向量表，不需要线性假设和方差齐性假设，具有较大的灵活性和可行性，但需要较大的样本。根据经验，样本通常需要在 5 000 人以上。样本太小，根据"学术伙伴"获得的 SGP 就会不稳定。

4.2.2.3　SGP 的计算

图 4-7 为 SGP 计算示意图。

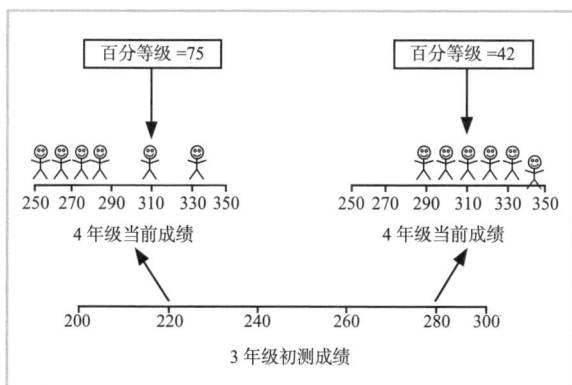

图 4-7　SGP 计算示意图

在图 4-7 中，3 年级的初测是一个 200～300 分的测试。在 3 年级的测试中，有 6 位同学获得了 220 分，还有 6 位同学获得了 280 分。这样，就形成了两个不同的"学术伙伴"小组。4 年级当下的再测是一个 250 ～ 350 分的测试。在两个"学术伙伴"小组中，各有一名同学在 4 年级测试中获得了 310 分。虽然两名同学获得了相同的分数，但二者的"成长"水平不同，体现为二者根据 3 年级的不同成绩，分别属于不同的"学术伙伴"小组。在各自的小组中，具有不同的百分等级。百分等级的计算方法是

$$PR=(L+0.5 \times E)/N \times 100$$

其中，PR=Percentile Rank= 百分等级；L= 低于给定分数的人数；E= 等于给定分数的人数；N= 总人数。

这样，在 3 年级获得 220 分的同学在"学术伙伴"小组中的百分等级是

$$PR=(4+0.5 \times 1)/6 \times 100=75$$

在 3 年级获得 280 分的同学在"学术伙伴"小组中的百分等级是

$$PR=(2+0.5 \times 1)/6 \times 100 \approx 42$$

以上仅仅是一个最简单、最直观的示意性说明。实际

上，SGP 的计算中包括估计 99 条回归线，从 1 到 99 每个百分点各一条，图 4-6 中的虚线仅仅是其中一条，可以理解为在 4 年级测试中成绩处于各个"学术伙伴"的中数位置成绩所对应的 3 年级成绩。根据这条虚线，可以推断出所有在 4 年级测试中处于百分等级中数的学生在 3 年级测试中的成绩。例如，在 3 年级初测中获得 345 分的有 3 人，处于 3 人中数的一位恰好处于图 4-6 的虚线之上。在 3 年级初测中获得 350 分的也有 3 人，3 人中 4 年级成绩处于中数的一位同学并未处于图中的虚线之上。这是由于，在计算回归线的过程中，这条回归线（虚线）的位置受到 3 年级测试中其他同学成绩的影响，包括获得 355 分的同学成绩的影响。这一结果提醒我们，回归线是根据样本成绩计算得到，只能给出一个近似的预测。当然，样本越大，预测误差越小。

根据图 4-6 中的虚线，我们可以知道，3 年级获得 345 分的同学，4 年级的成绩可能高于 350 分，也可能低于 350 分。如果根据线性回归线（实线）进行预测，其 4 年级的成绩将低于 350 分。如果根据分位线回归线（虚线）进行预测，其 4 年级的成绩将高于 350 分。其意义是，如果某位学生 4 年级的成绩在 3 年级获得 345 分的"学术伙伴"中处于中数，他 4 年级的成绩将高于 350 分。

4.2.2.4 SGP 的评价标准

2009 年，科罗拉多州教育部以 SGP 分数 35 和 65 作为评价标准。低于 35 分的，被视为成长水平低（low），高于 65 分的，被视为成长水平高（high），处于 35 和 65 之间的，被视为成长水平正常（typical）。2009 年，马萨诸塞州初等和中等教育部用 20、40、60、80 等 4 个评价标准将 SGP 分数划分为很低（very low）、低（low）、中等（moderate）、高（high）和很高（very high）等 5 个水平。

在进行团体性评估的时候，在将 SGP 分数用于学校评估和学区评估时，通常将 SGP 的中数 50 作为分界线，高于 50 时被认为高于期望水平，低于 50 时被认为低于期望水平。

4.2.2.5 SGP 分数的解释

SGP 具有"成长描述"和"成长预测"两种可能的分数解释。当用于不同的分数解释时，需要采用不同的计算方法。

"成长描述"要回答的问题是：一名学生在"期初测试"成绩相似的"学术伙伴"小组中，其"期末测试"成绩处于百分等级 1 ~ 99 的什么位置，是高于平均水平（大于 50），还是低于平均水平（小于 50）。

"成长预测"要回答的问题是：如果一名学生保持现在的成长状态，在未来的某个时间点（例如 4 年级），他的测试分数将会是多少？

对于未来时间点的测试分数需要做出"满意"或"不满意"的评价。为此，需要将分数与一个既定的"标准"（standard）进行比较。这样，"成长预测"要回答的问题就是：为了在未来给定时间达到标准，这名学生的 SGP 需要达到多少？

在预测方面，SGP 与常用成长评估模型中的"轨道模型"具有相似之处，都是根据两次测试的结果外推未来某一时刻学生的表现，都是假设学生的成长保持一种不变的"轨道"。轨道模型采用的是线性回归，其假设是学生各个不同学年的成长速度保持不变。SGP采用的是分位数回归，其假设是学生在"学术伙伴"中的相对位置，在各个学年保持不变。

SGP与常用成长评估模型中的"残差模型"一样，同属于条件状态（conditional status）测量，属于关于测量结果的常模参照解释。SGP的分数解释受到常模参照团体（即学术伙伴）的影响，因此，不能对SGP的结果做出标准参照的解释。在存在纵向量表的情况下，可以采用"轨道模型"来进行成长预测，并不需要采用SGP模型。

在实际的应用中，为了更方便学生、教师和校长的理解，可以将SGP转换为非专业人员更熟悉的分数报告系统。例如，新泽西州教育部就将SGP转换成一个1～4的等级评定分数体系。表4-2是新泽西州所使用的SGP与等级评定分数之间的换算表。

表 4-2 新泽西州的分数转换表

SGP	1～4 分数	SGP	1～4 分数
1～20	1	51	3
21	1.1	52	3
22	1.2	53	3
23	1.3	54	3
24	1.4	55	3
25	1.5	56	3.1
26	1.6	57	3.1
27	1.7	58	3.2
28	1.8	59	3.2
29	1.9	60	3.3
30	2	61	3.3
31	2.1	62	3.4
32	2.2	63	3.4
33	2.3	64	3.4
34	2.4	65	3.5
35	2.5	66	3.5
36	2.5	67	3.5
37	2.6	68	3.6
38	2.6	69	3.6
39	2.7	70	3.6
40	2.7	71	3.7
41	2.8	72	3.7
42	2.8	73	3.7
43	2.9	74	3.8
44	2.9	75	3.8
45	3	76	3.8
46	3	77	3.9
47	3	78	3.9
48	3	79	3.9
49	3	80～89	4
50	3		

当 SGP 被用于预测目的时，例如，预测 3 年级的学生在 4 年级时的表现，通常会使用往届学生的历史数据以回归方法建立预测方程，根据预测方程来预测一名学生或一个团体的发展是否"在轨"，是否可以在目标时间点达到预期目标。

图 4-8 是一名学生 3 ~ 6 年级的成长轨迹和对 7 年级的预测。这是一名正在上 6 年级的学生，他的阅读成绩是 609，就"达标"讲，属于"达标"水平。就"成长"讲，根据他 3、4、5 三个年级的成绩，可以计算出他以往几年的 SGP 分数分别是 66、66 和 90。图 4-8 中的三种灰度显示了关于他 7 年级成长情况的三种不同预测，分别是高、正常和低。其中，三种不同成长水平的 SGP 分界线采用了科罗拉多州的 35 和 65。图 4-8 还显示，如果他保持"高"成长水平，那他在 7 年级将继续保持"达标"水平。如果他保持"正常"的成长水平，那他在 7 年级就有可能落进"部分达标"的水平。如果他仅仅达到"低"的成长水平，那么他在 7 年级就可能会落进"不达标"的水平。

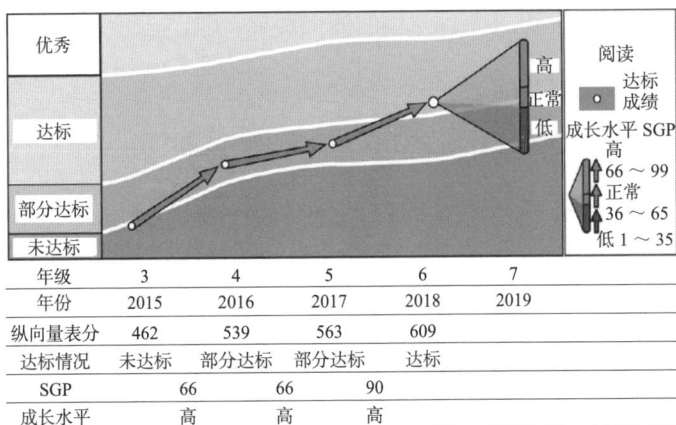

年级	3	4	5	6	7
年份	2015	2016	2017	2018	2019
纵向量表分	462	539	563	609	
达标情况	未达标	部分达标	部分达标	达标	
SGP		66	66	90	
成长水平		高	高	高	

图 4-8　SGP 成长轨迹

4.2.2.6　关于 SGP 的争论

2016 年 6 月 22 日，美国教育测量研究的重要机构之一马萨诸塞大学安姆斯特（Amherst）分校教育学院教育测量研究所（Center for Educational Assessment，University of Massachusetts Amherst）的 Stephen Sireci，Craig Wells 和 Lisa Keller 等三位学者在《研究所简报》上发表了一篇题为《为什么要弃用 SGP》的文章。文章中提出了弃用 SGP 的 6 个原因：

（1）SGP 并不像人们想象的那样。

（2）SGP 不可靠。

（3）教育工作者并不了解如何使用 SGP。

（4）没有效度证据支持 SGP 的使用。

（5）SGP 的使用违反美国教育研究协会（AERA）等单位颁布的《教育和心理测试标准》（以下简称《标准》），[①]违反 AERA 颁布的《关于增值模型的声明》[②,③]。

（6）SGP 鼓励将学生与其他学生相互进行比较，而不是与所教授的特定知识和技能进行比较。

3 天以后，也就是 6 月 25 日，哈佛大学教育学院的 Andrew Ho 就做出了回应。Ho 是美国"州高级教育官员理事会"（The Council of Chief State School Officers, CCSSO）2013 年推荐的《成长模型使用者指南》（*A*

---

①American Educational Research Association. Standards for educational and psychological testing (7th edition). Washington, DC: AERA，2014.

② 王晓平，齐森，谢小庆. 美国学校"成长测量"的 7 种主要方法. 中国考试，2018（6）：21-27.

③AERA OFFICIAL DOCUMENTS. AERA Statement on Use of Value-Added Models（VAM）for Evaluation of Educators and Educator Preparation Programs. Educational Researcher, 2015, 44（8）: 448-452.

终身成长：创新教育新思维

Practitioner's Guide to Growth Models）一书的两位作者之一。

Ho 指出，Sireci 等人关于弃用 SGP 的主张没有技术依据。Ho 不同意 Sireci 等人对 SGP 的指责，认为 Sireci 等人夸大了《标准》在成长评估这一测试研究新领域中的作用。《标准》中并未对这一新领域做出明确的规定，这种规定是 Sireci 等人强加的。Ho 认同 Sireci 等人关于审慎使用 SGP 的提醒，同意各个州、学区需要在不断研究和持续积累证据的基础上，改进和完善成长评估模型的使用。Ho 提出了三个一般性建议：

（1）各州和学区在将 SGP 用于教师和学校问责时，需要注意提高精确性。比较简单的提高精确性的方法包括：降低 SGP 在问责中所占的权重；采用多年的平均值；使用 SGP 平均数而不是使用 SGP 中数。中数叠加了多种误差来源。

（2）各州和学区可以考虑对由测量误差引起的统计误判进行调整。例如，McCaffrey 等人已经在 2015 年提出了一种通过百分位等级对 SGP 的随机误差进行校正的方法。

（3）Clauser 等 2016 年进行了一项关于 SGP 表面价值的研究，发现一些使用者会对 SGP 分数做出错误的解释。各州和学区应该关注 Clauser 等人的发现，加强关于 SGP 使用方面的培训，对 SGP 结果做出更合理的解释，保证 SGP 结果的合理使用。

SGP 是今天美国使用最广泛的一种成长评估模型，这一模型可以不依赖纵向量表进行成长评估，不包含线性假设和方差齐性假设，具有较大的灵活性。开发可靠、有效的纵向量表工作量巨大，对等值技术的要求很高，在中国很难在短期内取得明显进展。在这种情况下，SGP 分数可以成为成长评估的一个重要参考因素。

4.2.3　投射（projection）模型

投射模型也称为预测（prediction）模型和回归（regression）模型。俄亥俄、田纳西等州曾经采用此模型。与本书 4.1.2 节中所介绍的轨道模型和 4.2.1 节中所介绍的残差模型一样，投射模型也需要建立回归方程。

投射模型所要回答的基本问题是：根据某位考生的观察分数，根据这一分数以往呈现的模式（pattern），预测这位考生未来的成绩将会是怎样。

投射模型采用线性回归的方法来回答这一问题。投射模型的分数解释的基本模式是：一名 3 年级数学成绩 110 分、4 年级数学成绩 250 分的学生，5 年级数学的预测成绩是 275 分。此外，还可以将 275 分与预先设定的及格分数线进行比较，获得更丰富的分数解释信息。如果预先设定的及格分数线是 270 分，就可以预测，这名学生 5 年级时将"在轨"，或这名学生 5 年级时将得到比较满意的成长。

为了说明残差模型的计算方法，在图 4-4 中，我们给出了一个仅仅根据 8 名学生的测试成绩计算得到的回归线。假设这条回归线是基本可以接受的，我们就可以用这条回归线来对 3 年级学生的成长进行预测。更准确地说，不是进行预测，而是进行"投射"。从图 4-9 中可以看到，根据这条回归线，如果一名学生在 3 年级测试中获得了 350 分，我们就可以预测他在 4 年级的测试中将获得 364 分，并据此推断他的"成长"。如果一名学生在 3 年级测试中获得了 356 分，我们就可以预测他在 4 年级的测试中将获得 382 分，并据此推断他的"成长"。

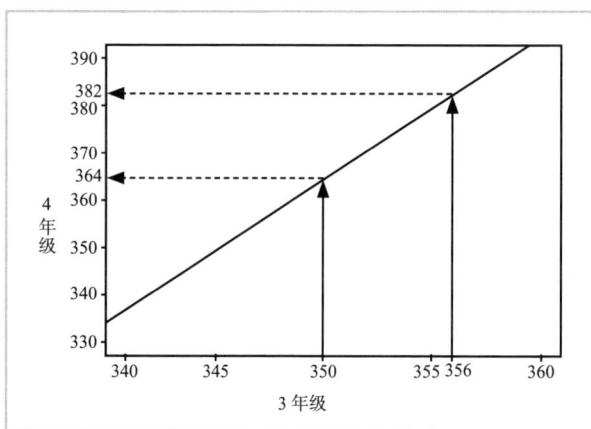

图 4-9　投射模型的示意图

根据回归线的斜率和截距，我们可以建立一个关于某位同学 4 年级测试成绩的预测方程：

$$4\,\text{年级预测成绩} = 斜率 \times 3\,\text{年级观察成绩} + 截距$$

$$=2.974 \times 350 + 677$$

$$\approx 364$$

在投射模型的实际应用中，我们可以同时采用多个预测变量来进行预测，同时利用多条回归线来进行预测。例如，当我需要预测 6 年级的成绩时，我们可以同时利用 3 年级、4 年级和 5 年级的成绩来进行预测，可以建立多重回归方程：

$$6\,\text{年级预测成绩} = a \times 3\,\text{年级的观察成绩} + b \times 4\,\text{年级的观察}$$
$$\text{成绩} + c \times 5\,\text{年级的观察成绩} + 截距$$

上式中的 a、b、c 是多重回归系数。投射模型与轨道模型的区别在于，轨道模型是建立在跨年级纵向量表的基础之上，是一种"量表驱动（scale driven）"的回归方法，而投射模型则不依赖纵向量表，是通过大量的历史数据建立起预测学生成长趋势的回归方程，是一种"数据驱动"（data driven）的回归方法。轨道模型通过不断改进和提升纵向量表的质量来保证评估的可靠性，而投射模型则通过不断地提高数据的质量来保证评估的可靠性。与投射模型相比，轨道模型是一种理想模型，而不是一种经验模型。

投射模型与残差模型的区别在于，残差模型是一个现状描述模型，是根据第一次（或上一学年）的成绩来描述当前所获得的成长。当我们应用残差模型的时候，作为评估对象的学生已经参加了 4 年级的测试，已经取得了 4 年级测试的成绩。与残差模型不同，投射模型是一个预测模型，是根据已有数据对学生的未来成长进行预测。当我们应用投射模型的时候，作为评估对象的学生尚未进入 4 年级，尚未参加 4 年级的测试，尚未取得 4 年级测试的成绩。

残差模型的评估结果是对当下状况的描述，如关于 4 年级学生在 4 年级时成长情况的描述，而投射模型的评估结果却是对未来的预测，如关于 3 年级学生在 4 年级时成长状况的预测。

投射模型是根据大量的不同年级的历史数据和追踪数据来建立回归方程，并根据回归方程做出预测。在轨道模型中，评估所使用的量表相同，但参照团体不同。在残差模型中,参照团体相同,但使用的量表不同。在投射模型中,使用的量表不同,参照团体也不同。

在投射模型的回归方程建立中,可以采用尽可能多的历史数据和追踪数据来建立尽可能可靠、有效的回归方程。通常,会采用尽可能多的预测源（predictor）和预测变量来建立回归方程。例如,如果有证据表明数学成绩可以增加对物理成绩的预测准确性,就可以将数学成绩作为一种预测源包含进回归方程。预测变量可以是客观化的测验成绩,也可以是任课教师的主观等级评定。

如果说,借助相同量表或相同参照团体,轨道模型和残差模型可以对考生的期望成绩进行"预测"（prediction）,可以对学生的成长情况进行"描述"（description）,那么,既无相同量表也非相同参照团体的投射模型只能进行"投射",只能对关于学生成长的解释做出有限的支持。

投射模型的可靠性和有效性依赖于回归方程的质量。为了保证回归方程的质量,需要采用尽可能多的历史追踪数据,综合这些历史追踪数据,建立比较有效的回归方程。

为了检验某个回归方程的有效性，可以将从某一样本中计算得到的回归方程应用于另一个样本，并对这个样本进行追踪研究，比较这个新样本中的预测成绩和实际成绩。因此，保证投射模型有效性的关键环节是"追踪研究"。

当投射模型被应用于教师和学校评估的时候，往往需要对成长评估的结果做出群体解释。需要回答：某个班级或某所学校的学生成长状况如何？投射模型的结果可以计算平均分，可以根据平均分做出群体性的解释。有时候，也可以用"成长满意"或"成长在轨"学生在全体学生中所占比例来实现群体性的分数解释。

需要注意投射模型与轨道模型和残差模型的区别。虽然轨道模型和残差模型也可以被用于预测目的，但主要被应用于现状描述，被应用于描述当前已经达到的成长水平，被应用于描述当前是否"在轨"。投射模型则被用于预测一名学生或一组学生未来的成长。在这里，预测的准确性与教学的目标是相背离的，尤其是对于那些被预测为难以实现成长目标的学生。许多情况下，教学的目的就是要使那些关于某些学生"难以实现成长"的预测不能实现。这时，预测目标与激励目标是冲突的。对此，需要保持警觉。

4.3　增值模型

21 世纪以来，"增值"（value-added）成为美国教育领域中的热门话题。人们认识到，由于学生的原有基础不同，仅仅根据一个学习阶段的结业水平对学生、教师和学校进行评估是不合理的。相对于一个学习阶段结束时的终结性评价，"增值评价"更重要。在学习中，需要更多地关注学生经过学习以后获得了多大程度的进步和增值，需要关注教师和学校在帮助学生获得增值方面所发挥的实际作用。

美国公立大学组成的美国州立大学联盟（American Association of State Colleges and Universities，AASCU）和公立大学联盟（Association of Public and Land-grant

Universities，APLU）由 520 所高等院校组成，所属院校每年颁发美国 70% 的学士学位。2006 年，AASCU 和 APLU 共同推出了一个对高等教育进行评估的"自愿问责系统"（voluntary system of accountability，vsa）。在 vsa 中，定义了 4 项"核心教育成果"（core educational outcomes）：审辩式思维（critical thinking）、分析性推理（analytical reasoning）、阅读（reading）和写作（writing）。

在 VSA 中，包含一套关于"增值"的测试和计算方法。根据这种方法，在学生入学和毕业的两个时间点，向同一组学生进行一项反映"核心教育成果"的测试。通过计算两次的成绩差异，对学生的"增值"情况进行评估。

增值模型（value added model，vam），又称为多变量（multivariate）模型、教育增值评估系统（education value-added assessment system，evaas）、田纳西增值评估系统（tennessee value-added assessment system，tvaas）、变量保持（variable persistence）模型、桑德斯（sanders）模型、分层（layered）模型、变量维持（variable persistence）模

型、跨分类（cross-classified）模型等。vam 是一个基于多变量分析的成长评估系统。在 vam 中，不仅包含测试分数，而且包含性别、种族、家庭经济收入等多种影响变量。增值模型不仅描述学生的成长状况，而且分析影响学生成长的原因。在一些州，增值模型不仅用于学生评估，而且用于教师、学校和学区评估，甚至被用于决定老师的奖金和聘用。

VAM 最常用的计算工具是"用于幼儿园至高中的教育增值评估系统"（education value-added assessment system for k-12，EVAAS）。EVAAS 软件系统由统计分析系统公司（statistical analysis system，SAS）开发。EVAAS 由统计学家威廉·桑德斯（William Sanders）设计，桑德斯曾任教于田纳西大学，2000 年加入位于北卡罗来纳州的 SAS 公司。因此，VAM 模型又常常被称为"田纳西增值评估系统"（tennessee value-added assessment system，TVAAS）。TVAAS 是 EVAAS 的前身。

关于 EVASS，SAS 公司网页上的宣传视频中是这样介绍的：

可以理解，一位基础比较差的班级的老师，不愿意根据学生的成绩评价自己的教学水平。一名学生或一组学生的学习成绩，受到多种因素的影响，包括种族、宗教、家庭、社会、经济条件等，并非一位老师可以完全左右。因此，评估一位教师对一组学生所产生的实际影响是一件非常困难的事。但是，我们有可能评估一位教师对一组学生成长所产生的影响。对于一名学生，我们可以通过一个成就测验来给他拍"快照"，可以知道他在某一个时间点的状态。仅仅凭这张"快照"，我们无法评估他的成长。如果我们在学年开始和学年结束有两次测试，我们就可以知道他的成长，就可以获得他的"轨迹"。原有基础不同的学生，不论水平高低，都可能获得成长。

通过这种关于学生成长的测量，我们可以了解到一位老师、一所学校、一个学区对学生所产生的实际影响。这就是 SAS 公司 EVAAS 所做的工作。EVAAS 帮助教育者了解自己对学生所产生的实际影响。在这里，将排除那些教育者无力控制因素的影响，例如，学生的社会经济因素对学生学习成绩的影响。这些因素导致的结果，不应由教育者负责。

EVAAS 是怎样实现这种评估的呢？

EVAAS 在评估学生的成长时，将应用尽可能多的有关评价数据。于是，形成了一种更公平、更严谨的增值评估方式。例如，莎娜（Shayna）老师的学生贾维尔（Javier）某次考试的成绩很糟糕，原因是贾维尔在考试前一天紧张得失眠了。这种情况下，凭借精致的分析技术和丰富的数据积累，EVAAS 可以避免莎娜老师的评估成绩戏剧性地过多受到贾维尔"失误"的影响。

实际上，贾维尔晚上经常睡不好觉，她的妈妈同时做着3份不同的工作。因此，她的妈妈常常将他丢给他的祖母，让贾维尔在祖母家中过夜。这种情况，不仅影响到贾维尔的学习成绩，而且影响到贾维尔的成长。

注意，EVAAS 在进行评估时使用所有可能获得的关于贾维尔的测验数据，这样，就可以有效地隔离那些超出其自身可控制因素的影响。EVAAS 对贾维尔历年的历史测试数据进行分析，并与他最新的成绩进行比较。评估过程仅仅将贾维尔的当前成绩与其历史数据进行比较，与其他学生的成绩无关。贾维尔的社会经济地位因素会影响到他的学习成绩，但是一般不会改变他自己的成长趋势。在EVAAS的评估中，即使是由于某种原因导致成绩很差的学生，也会表现出进步和成长。

这种分析可以描述出贾维尔的成长。问题是，这与对莎娜老师的评估有什么关系呢？对莎娜老师有什么帮助呢？

首先，关于教师的增值测量并非仅仅根据一两名学生的成绩做出推断，而是根据教师在一学年期间所教的所有学生的成绩计算得到。在EVAAS的评估中，包含的不仅仅是学生的考试成绩，实际上包含更多的数据来源。这些数据来源包括教师在过去几年中曾教授过的所有学生在所有学科上的成绩。这样，就可以更清楚、更公平地推断出教师对学生成长所产生的实际影响。

莎娜老师很自然地会问：如果我的班上有许多社会经

终身成长：创新教育新思维

济条件较差的学生，是否会影响到对我教学水平的评估？

这是多数教师都会关心的问题，但是，对此不用担心。对 EVAAS 评估结果的分析显示，一名教师的班级中其社会经济地位低下的学生比例与 EVAAS 对教师的评估之间没有多大关系。或者说，不论班级中社会经济地位低下学生的比例是多少，都有一些教师可以使学生获得明显的成长，也都有一些教师在使学生获得成长方面的表现欠佳。

一些人批评 EVAAS 的教师评估结果信度不稳定。有的教师第一年的评估结果很好，第二年却可能被评为表现欠佳。实际上，这种情况很少出现。例如，在 2012—2013 学年，统计显示，这种出现成绩较大起伏的教师人数，仅仅占被评估教师总人数的 0.5%，不足 1%。在将 EVAAS 的评估结果用于绝大多数高利害的决策时，实际的信度非常高。这是由于，这种评估中包含了关于学生水平和教师水平的多年数据，评估是基于对这些数据的综合分析。大量的数据避免了一名学生（例如贾维尔）的一次考试失误对关于教师的增值评估结果产生戏剧性的较大影响。大数据保证了评估的信度和评估结果的稳定性。

更重要的是，评估结果可以帮助莎娜老师，使她在课堂上的表现更加出色。参考评估结果，她可以在自己的课堂上更好地因材施教，针对特定的学生展开更加有的放矢的教学。这些评估结果可以为莎娜老师提供更容易理解和把握的教学反馈信息，帮助她更好地调整教学策略和制订课堂教学计划，从而可以更有力地帮助学生取得更好的成绩，获得成长。

EVAAS 可以为评估"增值"，它不仅能提供一些数据，而且能帮助老师做得更出色。

VAM 所回答的基本问题是：一名学生在一个特定课堂的学习表现是否达到了预期的水平？是高于还是低于预期水平？VAM 通过三种途径来定义"预期水平"：第一，与其他年级、其他学科相比；第二，与所在学区特定科目、特定年级的平均分相比；第三，与以往和今天讲授相同科目的其他老师的班级相比。

VAM 之所以被称为"多变量模型"，是因为评估过程中将包括对多个时间点，来自学生、教师、学校等多种变量的分析，根据这种分析，定义"预期水平"，将学生的表现与"预期水平"相比较，从而得到关于教师和学校的评估分数。

应用最广泛的 VAM 模型是 EVAAS 分析系统。EVAAS 系统会对某位老师所任教班级的每位学生的相关变量进行综合分析。通常，分析包含的时间跨度为 5 年，这些变量包含每名学生的成绩，包含学区的平均分，包含这些学生其他科目的成绩，包含其他讲授相同课程的老师的相关信息，等等。

VAM 报告的成长分数是每位学生的当前成绩与"预期成绩"之间的距离。VAM 主要被应用于教师评估。在评估某位教师的时候，数据可能同时来自这位教师曾经任课的多个班级。

VAM 的另一个比较常用的工具是"层级线性和非线性模型"（hierarchical linear and nonlinear modeling, hLM）。

采用增值模型的州包括田纳西、宾夕法尼亚、俄亥俄等。

由于增值模型被用于对教师、校长、学校的评价以至决定奖惩，近年来，许多专家学者呼吁慎重使用增值评估。2015 年，美国最大的教育组织"美国教育研究协会"（american educational research association，AERA）的理事会正式发布了一份官方文件《AERA 关于将增值模型应用于教师和教师培训项目的说明》（AERA Statement on Use of Value-Added Models(VAM) for the Evaluation of Educators and Educator Preparation Programs）。在这份说明中，强调了使用增值模型的 8 点注意事项：

（1）增值模型使用的前提是：用于测试学生的测验本身的效度、信度符合 AERA、美国心理学会（American Psychological Association，APA）和 NCME 共同制定颁布的《教育与心理测验标准》（Standards for Educational and Psychological Testing）。

（2）增值模型使用中，需要提供它所包含每个评估项目的效度和信度说明。

（3）增值模型必须基于足够大样本量的多年数据。

（4）不同时间使用的不同测验或测验版本之间具有可比性。

（5）单独检验每个年级、每个学科的测验效度和信度，不能将增值评估应用于未经标准化质量检验的其他年级、学科。

（6）在教师、学校、教育项目评估中需要综合考虑多方面证据，不能仅仅使用增值分数对教师、学校、教育项目进行评价。

（7）增值模型的使用过程中应保持持续的质量监测，持续关注实际的使用效果。

（8）当使用增值模型进行评估和决策时，在报告相关结果时必须同时提供统计误差范围。

AERA 在这份文件的结尾处指出，这 8 点注意事项不仅适用于增值模型，也同样适用于其他任何一种成长评估模型。在使用各种成长评估方法对教师、学校和教育项目进行评价时，都应该保持谨慎。

上述各种模型并无简单的好坏优劣之分，各有长处和不足。对于不同的模型，可以对评估结果做出不同的解释。选择哪种模型，要考虑自身分数解释的不同需要。今天，各种模型在美国的各个州中都有应用。

在上述各种成长模型之外，教育问责中还会采用一些其他的评估指标，包括：

（1）参加考试的学生比率。

（2）考试平均分或熟练掌握比率。

（3）学生平均出勤率。

（4）高中学生毕业率。

（5）7～12年级学生的辍学率。

（6）学生和家长对学校教师的满意程度。

（7）教师流失率。

（8）其他。

各种常用
成长评估模型的比较

成长模型中包含基于数学和统计学的数据处理方法，但成长模型所处理的不仅仅是数学和统计学问题。在成长评估过程中需要考虑复杂的、常常互相冲突的教育目标，需要考虑学生、教师、地方政策等一系列复杂的政策要求和分数解释。

在第 4 章中，我们简单介绍了几种常用的成长评估模型：增分模型、轨道模型、分类模型、残差模型、学生成长百分等级模型、投射模型和增值模型。

各种模型并无简单的好坏优劣之分，各有长处和不足。对于不同的模型，可以对评估结果做出不同的解释。到底选择哪种模型，要考虑自身分数解释的不同需要。本章将对各种模型进行比较。

5.1　不同模型所依据的不同数据

用于成长评估的数据来源主要有三种：一是基于纵向量表的成绩；二是基于学生样本的成绩；三是基于多

变量数据。

5.1.1　基于纵向量表的成绩

增分模型、轨道模型和分类模型都基于具有分数可比性的纵向量表（vertical scale）。目前，影响最大的两个纵向量表是 SBAC 和 PARCC。

5.1.2　基于学生样本的成绩

残差模型、投射模型和 SGP 模型等 3 种模型并非基于跨年级纵向量表，而是基于学生样本的成绩。这类基于学生样本的模型也需要至少有两次测试，但两次或多次测试并不要求采用纵向量表，而是根据样本数据，采用线性和非线性的统计模型做出统计推断。所采用的统计模型主要是回归模型，或者以学生的同年级常模群体作为参照系，或者以大量积累的历史数据和追踪数据作为参照系，刻画学生所获得的成长。例如，残差模型就是根据学生所在年级同学两次测试成绩来建立回归方程。

建立在跨年级纵向量表基础之上的成长评估模型是一种"量表驱动"（scale driven）的方法；建立在学生样本数据之上的成长评估模型是一种"数据驱动"（data driven）的方法。例如，在渐进达标模型中，所使用量表相同，但参照团体不同。在残差模型中，参照团体相同，但量表不同。在投射模型中，量表不同，参照团体也可能不同。在投射模型的回归方程建立中，可以采用尽可能多的历史数据和追踪数据来建立尽可能可靠、有效的回归方程。通常是采用多年的追踪数据来建立回归方程，采用尽可能多的预测源和预测变量来建立回归方程。例如，如果有证据表明数学成绩可以增加对物理成绩的预测准确性，那么就可以将数学成绩作为一种预测源包含进回归方程。

5.1.3 多变量数据

增值模型需要依据多变量数据。增值模型不仅包含测试分数，而且包含多种变量。增值模型不仅描述学生的成长状况，而且分析影响学生成长的原因。在一些州，增值模型不仅用于学生评估，而且用于教师、学校和学区评估，甚至被用于决定老师的奖金和聘用。

5.2　不同模型所依据的不同统计基础

不同成长模型所依据的统计基础可以分为三类：一是增益模型；二是条件状态模型；三是多变量统计模型。

5.2.1　增益模型（gain-based model）

比较两次测试的增益，或平均增益，或跨时间的变化情况。增益模型的使用需要一个纵向量表。尽管增益模型是最直观、最容易理解的统计模型，但纵向量表编制的复杂性限制了此模型的使用。增分、轨道和分类这三种成长评估模型都是基于增益模型。

5.2.2　条件状态模型（conditional status model）

根据以往的资料预测当前的表现，将预测的表现与实际的表现进行比较。不是比较纵向量表上的两次分数，而是比较期望值与实际值之间的差异。以往资料可以是测验分数，也可以是一些其他变量，如民族、学历、家庭、经济地位等。残差、投射和SGP模型都是基于条件状态模型。

5.2.3　多变量统计模型（multivariate model）

根据多种数据和多个变量做出比较复杂、比较间接的推论。这种推论的进行通常需要借助专门的软件工具和专门的统计学知识。这种推论主要是关于班级、教师、校长的推论，而不是关于学生个人的推论。增值模型所依据的是多变量统计模型。

　　　　　　　　　　　　　　　终身成长：创新教育新思维

5.3　不同模型所采用的不同及格线设定方法

在某一特定时间点进行"状态评估"（status assessment）时，可以做出包括"未达标"、"达标"和"优秀"的不同定性判断。在两个或多个时间点进行"成长评估"（growth assessment）时，同样需要做出类似的定性判断，做出"负成长"、"低成长"、"充分成长"和"高成长"的定性判断。这种判断，需要以一定的"标准"为依据。

这种标准通常需要由一个专家组来确定，专家组需要由具有资质的利益相关人组成。制定标准的依据可能有三种：

（1）某个能力量表的分数：专家组将综合考虑该能力量表所考查的知识和能力范围，考虑相关群体的平均水平和平均成长状况，确定关于成长的定性判断。

（2）常模参照样组：通过收集和计算目标群体的代表性样本的分数分布，可以得到目标群体的整体成长情况。

专家组可以根据获得的常模资料，确定及格线。

（3）一定的成长目标。可以根据关于未来目标的预期确定及格线。例如，目标是在 11 年级时做好上大学或就业的准备。根据这一目标，可以做出某名学生或某个班级当下是否"在轨"的判断。根据这种判断，确定每个学习阶段的成长要求。

在成长模型中，这种关于成长的定性判断中通常包含由专家组确定的及格线。在及格线的确定过程中，既需要考虑各个年级的学生所应该达到的知识和能力要求，也需要考虑本小区或本州同年级学生的一般水平。及格线制定是一个兼顾标准参照和常模参照的论证过程。同时，还要考虑达到最终目标所需年限。

各种成长模型都需要设定及格标准，在标准制定时通常都需要同时考虑知识和能力的水平、常模团体水平和未来目标，但参考依据的侧重有所不同。在增分模型、轨道模型和分类模型中，标准制定的主要依据是知识和能力水平；在残差模型、投射模型和 SGP 模型中，标准制定的主要依据是常模团体的分数分布；在轨道和残差模型中，标准制定时会更多地考虑到未来目标。与其他模型相比，增值模型属于一种"高利害"的评估，专家组在制定标准时，不仅需要考虑上面提及的一些因素，还需要考虑教育目标、地方和联邦教育政策等更多因素。

表 5-1 是第 4.1.2 一节中表 4-1 的一部分，美国康涅狄格州成长及格线汇总表的一部分。该州所采用的是轨道模型，所采用的测试工具是 SBAC。表中所给出的是康涅狄格州基于 SBAC 测试结果的 3 年级和 4 年级的及格标准。SBAC 量表的分数范围在 2 100 ～ 2 800。康涅狄格州根据学生实际得分和知识掌握情况为每个年级分别规定了"达标"和"成长"的标准，分别提出"达标"和"成长"方面的要求。表中的"范围"一项是"达标"的标准，即"达标"所要求的分数范围；表中的"目标"一项给出了"成长"的标准，即实现"成长"的目标。

表 5-1　康涅狄格州采用的成长评估汇总表（部分）

前一年所在年级	水平	水平一：没有达标		水平二：接近达标		水平三：达标		水平四：超标	
		1—低	2—高	3—低	4—高	5—低	6—高	7—低	8—高
3	范围	2114～2330	2331～2366	2367～2399	2400～2431	2432～2460	2461～2489	2490～2522	2523+
	目标	82	71	70	69	68	64	60	45/保持
4	范围	2131～2378	2379～2415	2416～2444	2445～2472	2473～2502	2503～2532	2533～2568	2569+
	目标	82	69	69	64	58	55	49	34/保持

5.4　不同模型所支持的不同分数解释

当代效度研究的突出特点是，关注点不再是一个测验或一个工具的有效性，而是一个测验在特定情境中使用的有效性，是测验分数解释的有效性。或者说，效度论证的关注点是测验可以支持什么样的分数解释。

对成长评估结果的解释方式主要有三种：

（1）对成长的描述：一个人或一组人获得了多大程度的成长？

（2）对成长的预测：根据现有的资料，一个人或一组人的未来成长将达到怎样的程度？

（3）增值：是什么原因带来了成长？是什么人（教师、校长）或什么机构带来了成长？

分数解释可以是仅针对学生个人，也可以是针对一组人（班、年级、学校、学区）。

不同的成长评估模型可以支持不同的分数解释。一种成长评估模型可能支持一种以上的分数解释，但通常不难发现这种模型主要支持哪种分数解释。

增分模型和残差模型的分数解释，主要是对成长的描述，主要回答的问题是：在这一段时间中，学生获得了多大程度的成长？

轨道模型、分类模型、投射模型和 SGP 模型的分数解释，主要是对成长的预测，主要回答的问题是：根据学生已有的表现，在未来的某个时间点他将成长到什么水平？其中，分类模型和 SGP 模型在预测成长的同时，还可以对分数做出关于成长描述的解释。

增值模型的分数解释主要是增值，主要关注的不是学生，而是对学生成长产生影响的老师、学校和学区。增值模型主要回答的问题是：根据现有的资料，这位老师或这家机构，对受其影响的那些学生的表现，究竟产生了多大的影响？

分数解释的参照系主要有两个，一是常模，即特定群组的表现水平；二是标准，即专家确定的一组应知应会的知识和能力。与 NCLB 相比，新的 ESSA 更看重常模参照。在实行 NCLB 时，只要是未达标的学校或学区，就会被追责，并不考虑其原有的基础和办学条件。根据新的 ESSA 的成长评估办法，仅仅对距离标准最远、成长最小的 5% 的学校或学区进行追责。

5.5　各种模型比较小结

表 5-2 和表 5-3 汇总了各种成长模型的比较信息。

　　　　　　　　　　终身成长：创新教育新思维

表 5-2　7 种成长模型的比较（一）

比较项目	模型						
	增分模型	轨道模型	分类模型	残差模型	投射模型	SGP模型	增值模型
简述	通过跨时间的简单分数差异或平均增益来描述成长	根据以往的平均增益来预测或外推未来的成长	根据类型（基础达标、优等）的增益来描述跨时间成长	通过比较根据以往资料获得的预期状态和实际状态来描述成长	以回归方式，根据以往资料预测成长水平	以学生今天以往相同成绩在团体中的百分位来描述成长	采用所有的历史资料，包括其他科、其他教师的相关历史资料，检测特定教师教授的学生的分数是否高于预期
面对的基本问题	在一个能力量表上学生获得了多大进步	如果学生保持现在的状态，未来他将达到何种程度？	特定时间后，学生归属的类型是否变化？根据他以往表现，将他归属于何种类型	学生的分数高低或根据以往呈现出的预期	根据学生的以往表现，根据以往现模式，预测他未来的分数是多少	在历史上与他分数相同组一人中，他今天处于什么百分位？为了实现未来目标，他需要达到的最低分位是多少	根据现有的所有资料，某位老师或某家机构与受其影响那些获得成长学生的表现有多大关系

第 5 章　各种常用成长评估模型的比较　　159

比较项目	模型						
	增分模型	轨道模型	分类模型	残差模型	投射模型	SGP模型	增值模型
关于成长的基本解释	对成长的描述	对成长的预测	对成长的描述和预测	对成长的描述	对成长的预测	对成长的描述和预测	增值
统计基础	增益模型	增益模型	增益模型	条件状态模型	条件状态模型	条件状态模型	多变量模型
对数据的要求	纵向量表	纵向量表	各个年级之间清晰表达的及格线，等级定性量表隐含的纵向量表	可解释的量表，满足线性回归假设	可解释的未来表和量来未标准	基于大样本的可靠估计	在高利害的应用中，需要包含多年的、稳定的数据
团体水平解释	平均增益	平均渐进增益或"在轨"学生的百分比	等级定性量表上的平均数或"在轨"学生的百分比	平均残差	平均未来预测或"在轨"学生的百分比	SGP平均或中数	仅仅可以做团体水平解释，可仅出对教师或学校水平的教学效果

比较项目	模 型						
	增分模型	轨道模型	分类模型	残差模型	投射模型	SGP模型	增值模型
标准设定	需要判断成长的及格水平或平均及格水平。需要对量表的充分理解，或包括常模参照	通过设定一个未来标准或时限来定义及格线	通过为不同类别或定性等级量表设定及格线，确定标准。需要通过设定及格线来定义个体和群组的及格水平	需要判断残差的及格水平，需要对量表的充分理解，或包括常模参照	通过设定一个未来标准或时限来定义及格线	需要设定一个SGP中数或平均SGP及格水平。预测时需要设定未来的及格标准和时限	需要设定关于教师和学校教学效果的绝对或相对标准。例如，对最高和最低的5%进行奖励和惩罚

表 5-3　各种成长模型的比较（二）

方法名称	是否至少需要两次测量	是否依据纵向量表	是否需要相同的被试群体
增分模型	是	是	否
轨道模型	是	是	否
分类模型	是	是	否
残差模型	是	否	是
SGP 模型	是	否	是
投射模型	是	否	否
增值模型	是	否	否

正如前面所述，7种成长评估模型并无简单的好坏优劣之分，各有长处和不足。对于不同的模型，可以对评估结果做出不同的解释。选择哪种模型，要考虑自身分数解释的不同需要。成长模型选择是一个对这个模型的优点和局限的权衡过程。这种权衡，需要考虑到成长评估所要回答的问题，考虑到评估结果的解释方式，也要考虑到评估所依据的统计学基础，考虑到评估所使用的数据特点。

需要注意，美国强调"成长"，主要的着眼点是那些可能掉队的学生，是力图帮助那些"达标"有困难的学生获得"成长"，对帮助这些学生获得一定程度成长的教师和学校进行鼓励。中国与美国的国情不同，我们强调"成长"，主要的着眼点则是那些基础较好的学生，力争帮助他们不仅"达标"而且获得实际的"成长"，并对帮助这些学生获得进一步成长的教师和学校进行鼓励。

第
6
章

成长评估在美国教师
和学校问责中的应用

今天，即使在中国非常偏远的乡村，你也可以看到漂亮的校舍，看到非常先进的教学设备。经过多年的持续投入，从城市到乡村，中国学校的"硬件"大多已经得到了很大的改善，已经不是阻碍教学发展的主要因素。与"硬件"相比，更重要的是"软件"，需要在"软件"上下功夫。想要进一步提高教育质量，就要先提高教师队伍的质量，提高教学水平和教学管理水平。校长和教师的水平，可以明显地影响学生的成绩。显然，对教师和学校进行科学有效的评估，是保证教学质量的重要环节。"它山之石，可以攻玉"，美国基于对成长评估的教师和学校问责，可以给中国教育改革带来一些启发。

怎样更有效地对教师和学校进行评估和问责？是否将学生学习成绩的成长作为评价教师和学校的依据？长期以来，这两个问题在美国教育界存在着巨大的争议。

6.1　传统的教师评估方式

传统上，美国对教师的问责主要依赖于校长、督导员和资深同事对教师的评估。评估的主要形式是观察法，即听课。评估通常有一定的规程，评估人按照规程从不同方面给教师打分。最终，不仅给出一个总分，而且给出各个评估要素的单项分数。

为了保证评估质量，通常需要对评分人进行关于评分规程的培训。只有经过充分的培训，评分人才能保持评分的一致性，才能使评分具有一定的区分度。

实际上，听课评估往往会占用校长和其他听课人的大量时间，往往导致校长由于负担过重而精力分散，影响其履行其他方面的管理职能。囿于评分人的时间精力和个人素质，这种听课评估，常常并不能对不同教师之间的教学水平差异进行有效区分，不能成为学校管理决策的可靠基础，也不能帮助教师发现和确认自己的长处和不足。

在听课评分的过程中，主要存在三种误差因素：

（1）不能很好把握评分规程，带有随意性。

（2）标准忽高忽低，前后不一致，对不同的人标准不一致。

（3）缺乏区分度，评估中存在趋中倾向，对高水平教师倾向于低估，对有待提高的教师则倾向于高估，从而不能有效区分优秀教师和那些有待提高的教师。

作为观察法的补充，对教师和学校的问责方式还包括：

（1）学生平均出勤率。

（2）参加考试的学生比率，通常要求至少有95%的学生参加考试。

（3）学生的辍学率和毕业率。

（4）学生和家长对老师、学校的满意程度。

（5）教师流失率。

（6）毕业生的流向。

（7）"低收入少数民族"（low income minority，LIM）学生的学习成绩。其中，"低收入"按照免费注册或享受价格优惠午餐的人数进行统计。

在美国传统的教师评估中，并不把学生成绩作为对教师问责的依据。

6.2 NCLB 和 ESSA 对教师和学校问责的影响

美国 2001 年开始的 NCLB 教育改革的核心的理念是"达标"和"问责"。达标，就是要求所有学生都要完成规定的学习任务，达到规定的知识掌握水平和能力要求。具体的措施是要求各州举行州统考，所有的学生都要达到最低的能力和知识要求。如果有学生不能达标，出现"掉队"，就要对学校和教师进行问责。①

NCLB 实行以后，学生的考试成绩，尤其是统考成绩，成为对教师和学校进行评估和问责的重要依据，甚至被作为对教师和校长进行奖惩、晋升、续聘和解雇等人事决策的依据。

虽然 NCLB 在解决学生"掉队"方面有一定成效，但也带来了新的问题，考试开始成为学校日常工作的指挥棒。

---

① 谢小庆. 不因最紧迫的事情忘记最重要的事情. 华东师范大学学报（教育科学版），2016（2）：9-11.

在问责的压力下，许多中小学都不同程度地采取了应试措施。伴随 NCLB 改革的推进，"应试教育"的弊端也越发明显。因此，小布什的教育改革遭到了一些教育专家的批评，尤其是遭到来自基层教师的抵抗。

为了对 NCLB 实施以后出现的"应试倾向"问题进行校正，奥巴马提出了新的教育改革方案 ESSA。ESSA 已于2018 年正式实施。

与 NCLB 相比，ESSA 的突出特点是强调了"成长"，是以"达标＋成长"的评估模型取代了 NCLB 的"达标"评估模型。

与学生评估相比，在教师和学校评估中，"达标"评估具有更明显的局限性。由于所处地区不同，生源不同，原有基础不同，仅仅以学生的"达标"成绩评估教师和学校并不合理。进行成长评估，不仅可以更准确地了解学生实际的学习成效，同时可以更准确、清晰地了解教师、学校对学生成绩提高所产生的实际影响。

基于成长评估的理念，人们更关注那些可能掉队的学生，注意帮助那些暂时"达标"有困难的学生获得"成长"，鼓励有效帮助了这些学生获得一定程度成长的教师和学校；人们更关注那些基础较好的学生，力争帮助他们不仅"达标"而且获得实际的"成长"，鼓励有效地帮助了这些学生获得进一步成长的教师和学校。

根据 ESSA，今天美国几乎所有的州都已经开始进行成长评估，对学生实际取得的成长进行评估。这样，就不仅根据"达标"对教师、学校和学区进行评估和问责，而且根据"成长"对教师、学校和学区进行评估和问责。

6.3 关于教师和学校的成长评估

假设某地区有 100 所学校，如果按照州统考的平均成绩对学校进行问责，那么，排在前 10 名的学校一定是"优"，排在后 10 名的学校一定是"差"。前 10 名学校的老师和校长一定比后 10 名学校的老师和校长更能干、更努力吗？不一定。后 10 名学校的老师和的校长未必服气。

按照成长评价的思路，则是前10名和前10名比，在前10名中名次上升的学校，例如，A校从第7名上升到第5名，就可以得到肯定；后10名和后10名比，名次上升的学校，例如，B校从第97名上升到第95名，就可以得到表彰。

　　同样是上升了两名，B校的进步与A校的进步一样吗？应该受到同样程度的表彰吗？根据经验，与B校从第97名上升为第95名相比，A校从第7名上升为第5名，可能更困难一些。以"进步名次"作为评价依据，仍然未必公平。为了对教师和学校进行更公平的评估，不仅需要"达标评估"，而且需要"成长评估"。

　　在基于学生成绩的测量模型中，人们总是努力地测量那些可以归因于老师的成绩变化。想要测量这种变化，就不能仅仅依据某一个时间点获取的学生成绩信息，至少要有两次间隔一定时间的测试。

　　在教师和学校的问责中，主要采用的成长评估模型是学生成长百分等级（SGP）模型和增值模型（VAM）。

SGP 是一种基于百分等级回归方法的评估方法。SGP 通过计算一名学生在水平相似的一组学生中相对位置的变化来对"成长"进行评估。如果一名学生在这个群体中的相对位置上升，就可以认为他获得了成长；如果其在这个群体中的相对位置没有上升，就可以认为他未能实现成长。

在将 SGP 模型用于教师评估时，通常以教师任课班级学生的 SGP 分数的中数作为对该教师的评估指标。在将 SGP 模型用于学校评估时，通常以该校学生 SGP 分数的中数作为对该校的评估指标。

成长评估的问题是，通常，对于语文、数学、科学等课程，可以基于标准化考试来进行成长评估，但是，对于其他的一些科目，如生物、历史、地理等，并没有标准化的测试，很难进行成长评估。

在美国几乎所有的学校中，课堂观察和学生成长评估是教育评估的主要依据。但是，不同的学校会有不同的侧重，包含的评价信息成分会有所不同，采用的加权比重也会有所不同。

根据成长评估发现，在一些生源条件较好的班级和学校，教师和学校在帮助学生成长方面所发挥的作用实际并不理想，较好的"达标"评估结果掩盖了一些教师和学校需要改进之处。

6.4 "达标＋成长"评估的两个实例

从 2009 年开始，比尔和梅琳达·盖茨基金（The Bill & Melinda Gates Foundation）资助了一项关于提高教学效率的研究——"通过强化参与提高教学效率"（intensive partnerships for effective teaching）。2018 年，兰德公司（rand corporation）和美国国家研究院（American Institutes for Research，AIR）共同对这项研究的成果进行了评估，并公布了《最终研究报告》。《最终研究报告》中详细地介绍了佛罗里达州小山县公立学校（hillsborough county public schools in florida）和田纳西州谢尔比县学校（shelby county schools in tennessee）从 2010 年至 2016 年的教师评估情况（见表 6-1）。

表 6-1　两所学校的教师评估和问责表

评估问责方式	佛罗里达州小山县公立学校	田纳西州谢尔比县学校
2009 年以前	（1）学校管理层 3 年一次的正式考核，包含正式的听课和非正式的教室巡查。评分依据是《佛罗里达教师实践要求》（florida educator accomplished practice，FEAP），评分结果包括优秀（O）、满意（S）、待改进（NI）和不满意（U）4 等。考核结果被作为续聘和解雇的决策依据 （2）根据《绩效奖励规定》（merit award program，MAP），根据学生的州统考成绩和本地学习成绩，对教师进行奖励。奖励范围覆盖占总人数 25% 的绩效考核成绩最高的教师 （3）无学生和家长评估 （4）无评估分数加权方案	（1）由校长根据《田纳西实用评估表》（tennessee comprehensive assess-ment form）对教师进行考核与评分。任教不足 3 年的新任教师每年考核一次，其他教师每 3 年考核一次 （2）无基于学生成绩的考核 （3）无学生和家长评估 （4）无评估分数加权方案

评估问责方式	佛罗里达州小山县公立学校	田纳西州谢尔比县学校
2010 年以后	（1）2010 年秋到 2012 年春，基于学生成绩的增值评估（VAM）占考核分数的 40%，基于教学观察的评估占 60%，其中 30% 来自校长或学校管理层，30% 来自教师同行评价或校际交流互评 （2）2012 年秋到 2016 年春，基于学生成绩的 VAM 评估占考核分数的 40%，基于教学观察的评估占 60%，其中 35.1% 来自校长或学校管理层，24.9% 来自教师同行评价或校际交流互评 （3）对所有年级和所有学科的教师都按照相同办法进行评估	2011 年秋到 2014 年春，基于教学观察的评估占 40%。基于学生成绩的成长评估占 35%，教师进行的教学测试占 15%，学生的反馈评价占 5%，学科知识考查占 5%
2010 年至 2016 年没有参加成就测验的年级或学科	不存在这种情况，所有的年级和所有的学科都参加了成就测验	基于教学观察的评估占 60%。基于特定教师所教学生成绩的成长评估占 20%，基于全校学生成绩的成长评估占 10%，学生的反馈评价占 5%，学科知识考查占 5%

评估问责方式	佛罗里达州小山县公立学校	田纳西州谢尔比县学校
参加了成就测验的年级和学科的学生成绩测试	2010—1016 年：基于佛罗里达州测试和当地测试的 VAM 评估。计算 3 年的平均增值水平	2011—2012 年： （1）基于《田纳西州增值评价系统》（tennessee value-added assessment system，TVAAS）的增值评价 （2）教师从州教育局指定的测试中所选择的成就测试
没有参加成就测验的年级和学科的学生成绩测试	不存在。所有年级和学科都参加了测试	2011—2012 年： （1）基于 TVAAS 评估结果的、全校水平的增值评价 （2）教师从州教育局指定的测试中所选择的成就测试
评价对象	全体教师	全体教师
评价频率	每年正式听课 2～5 次，非正式听课 1～5 次。根据教师的资历和上一年的评估记录，确定听课的次数多少	新教师每年 1 次正式听课和 3 次随机抽查。上一年被评为 1～2 分的教师，每年 1 次正式听课和 2 次随机抽查。上一年被评为 3～5 分的教师，每年 1 次正式听课和 1 次随机抽查
听课评分人	学校管理层，同行，以及交换导师	学校管理层，教学导师，学区官员

评估问责方式	佛罗里达州小山县公立学校	田纳西州谢尔比县学校
听课人资格	听课人每年都需要接受外部督导员的资格审查	每年，听课人都需要对标杆讲课视频进行评分。其评分与督导员的评分之间的差距，不能大于1分
学生反馈	未采用	《三脚架调查系统》（tripod survey），一个在美国应用广泛的基于学生反馈的教师评价系统，由哈佛大学的 Ronald Ferguson 从2001年开始开发。2015年以前，采用《三脚架》的完整版。2015年以后，采用《三脚架》的简版。每年调查两次
其他评价方式	无	（1）对教师的学科知识每年考核一次；（2）从2013年开始，用本校制定的职业规范标准，每年进行一次考核

评估问责方式	佛罗里达州小山县公立学校	田纳西州谢尔比县学校
向教师本人报告综合评估结果的时间	每年9月	每年秋季
评定等级	5级，U（unsatisfactory，不满意），NI（needs improvement，待改进），E（effective，有效），HE4（highly effective，效果好4级），HE5（效果好5级）	5级，明显低于期望（significantly below expectations），低于期望（below expectations），达到期望（meeting expectations），高于期望（above expectations），明显高于期望（significantly above expectations）

6.5　关于教师和学校问责的争论

是否将学生成绩用于教师和学校问责？对此，在美国一直存在争议。不少研究显示，一些基于学生成绩的教师评估方式可以有效地激励教师提高教学效率。据此，一部分人认为如果使用得当，基于成长评估的教师表现评价可以成为教师职业发展、培训、招聘、安置、晋升、薪酬等决策的依据。

但是，这些研究结果并未能够说服反对者，他们认为，这种基于学生成绩的评估对教师并不公平。影响学生成绩的因素太多、太复杂，包括学生的天赋条件，学生自身的学习意愿，教师教这班学生时间的长短，家长和社会对学生的影响，其他科目教师对学生的影响，以往教师对学生的影响，等等。这些，很难完全用数据来控制和表达，无论数据的信息量有多大，对于这些不稳定的影响因素，计算学生成长的统计模型并不可靠。这种评估的结果是，虽然淘汰了一些不称职的教师，但是也使许多优秀的教师离开了教育行业。因此，他们不赞成将学生成绩用于教师和学校问责，反对在"高利害"人员决策中采用包括 SGP 和 VAM 在内的评估手段。

还有一些研究者指出，加强对教师的问责带来的一个副作用是：在这种问责压力下，教师更倾向于"安全"而不敢冒险，不敢尝试新的教学方法和进行新的探索。

考虑到教师工作的复杂性，多数学者都主张对教师工作进行多元评价，不赞成单独使用基于学生成绩的"高利害"评价手段，主张将这种基于学生成绩的评价与其他的评价途径相结合，互相补充，互相校验。大多数学者认为，基于学生成绩的信息应与通过观察法获得的信息结合使用。

关于 SGP 和 VAM 两种方法各自的相对优势和劣势，也是测量学家一直争论的话题。这两种方法都是力图用一些可以观察的证据去说明、支持、论证教师或学校对学生的成长所产生的实际影响，同时尽量排除那些可能影响学生成绩变化但与教师和学校的影响关系不大的因素。从现有的研究成果看，这两种方法都不完美，都可能受到一些误差因素的影响，这些因素包括：

（1）同伴效应（peer effect）。

（2）非随机分配造成的学生因素。

（3）测试的质量问题。一些研究显示，当学生成绩被用于教师评估时，结果可能因采用不同的测试工具而不同。

今天，美国教育界的主流看法是，SGP 或 VAM 与课堂观察相结合，可以部分克服各自的不足。

一些问卷调查结果显示，多数教师都对观察（听课）方法做出最肯定的评价，认为这种方法可以最准确地区分出好教师和不称职的教师。

总结和思考

培训与评价是推动教育的两个车轮，相辅相成，缺一不可。最好的培训，是基于评价之上的培训，是"因材施教"的培训。最好的评价，是培训中的评价，是教室或实际工作场所中的评价。

随着互联网的发展，尤其是移动互联网的发展，我们正面对着一场新的学习革命，这场学习革命有两个突出特点，一个是个性化学习，一个是注重发展核心素养。个性化学习和注重发展核心素养需要成长评估，而成长评估又可以促进和推动个性化学习和发展核心素养。这是一种互为因果、相辅相成的关系。

成长评估，应该在未来发展个性化学习和发展学生核心素养方面发挥重要的推动作用。如何借助成长评估改进自己的工作，笔者对教师、校长、教育局长和商业性教育公司，提出如下的一些建议。

7.1 给教师的建议

对于教师，一方面可以借助成长评估帮助学生获得成长，另一方面可以借助成长评估改进自身的教学，展示自己的成绩。

7.1.1　借助成长评估帮助学生获得成长

在每个班级中，都可能有一些如本书前言中提到的王恒屹这样的孩子，他们可能在某一个学科上表现出超常的才能，也可能在某几个学科上都表现出超常的才能。同样，在每个班级中，也都可能存在一个或几个学生学习吃力的情况。对于很容易"达标"的学生，需要通过成长评估，帮助他们在"达标"的基础之上获得进一步的成长；对于暂时未能"达标"的学生，需要通过成长评估，发现他们已经取得的进步，及时给予他们鼓励。教师需要具有"成长评估"的意识，需要善于运用成长评估工具来更好地实现"因材施教"。

7.1.2　借助成长评估改进自身的教学，展示自己的成绩

你的学生在年级统考中考取了好成绩，就可以说明你

的教学水平高吗？你的学生在年级统考中成绩不理想，就可以说明你的教学水平低吗？未必。由于学生的基础不同，考得好或不好，都未必可以归因于你的教学水平，很可能更重要的原因是学生原有基础不同。这里，看出了"达标评估"在教师评估方面的局限性。正是为了克服这种局限性，才需要进行"成长评估"。教师需要有这种"成长评估"意识。对于仅仅根据"达标成绩"做出的不利于自己的考核结果，可以质疑，可以自我辩护。对于仅仅通过"达标成绩"而获得的奖励，也需要进行自省，不要高估自己在帮助学生取得好成绩方面的实际作用。

7.2 给校长的建议

校长的责任包括：对教师的教学水平做出评估，根据评估结果做出人事方面的决策；对各种教学方法做出评估，在各种不同的教学方法之间做出选择；在教学方法方面为教师提供指导性意见和建议；对各种学习材料进行评估，选择好的学习材料。

在教师评估、教学方法评估和学习材料评估方面，仅仅依靠"达标成绩"都存在很大的局限性，都很难发现教师、特定教学方法、特定学习材料在帮助学生提高学习成绩方面所产生的实际作用。

笔者强烈建议校长在自己的学校中引入"成长评估"，借助"成长评估"工具，对教师、教法和学习材料做出更符合实际的评估，做出更好的选择。

同时，笔者建议有抱负的校长组织自己学校的教师开发和编制好的考试，主要是核心素养方面的考试，包括阅读理解考试，书面表达考试，逻辑推理考试和审辩式思维水平考试。

好的考试由好的题目组成。编制好的题目，需要依靠站在一线课堂上的老师。仅靠专家闭门造车和冥思苦想，很难编出好的题目。那些在课堂上师生互动、生生互动中产生的问题，才是好的题目。需要依靠一线老师在自己的教学实践中，发现好的题目，抓住好的题目。好的题目，总是那些向好学生倾斜的题目。一线老师最清楚哪些题目好学生更容易答对。

我希望校长能够组建精干的研究团队和命题团队，命制出一些高质量的试题，编制出高质量的试卷，满足教学改革和课程发展的需要。

7.3　给教育局局长的建议

今天，在多数教育局局长的管辖范围内，总有一些生源较好的学校，也有一些生源较差的学校。仅仅根据"达标成绩"来评价一所学校的教学水平和办学效果，显然对那些生源较差的学校是不公平的。要想对生源水平不同的学校做出更科学合理的评价，就需要借助"成长评估"工具。在引入"成长评估"的时候，教育局局长需要思考两个问题：

第一，考什么？是考知识记忆还是考核心素养？在学校中，我们都曾经学习并掌握过许多三角函数、积分公式、化学方程式，今天，又有多少人能够记住这些函数和公式呢？今天，在我们真正需要的时候，我们可以轻而易举地通过互联网和移动互联网随时随地地获得这些函数和公式。成长，主要是核心素养的成长；评估，需要评估的是核心素养。第二，在多种供选择的成长评估模型中，采用哪个或哪几个模型。本书介绍了增分模型、轨道模型、分类模型、残差模型、投射模型、SGP 等多种模型，怎么样根据自己地区的特点，选择合适的模型。

7.4 给教育研究者的建议

许多教育研究的课题往往是比较不同的教育方法、办学模式、学习材料等。通常是对实验组和对照组进行比较。为了使实验组和对照组具有可比性，就需要控制能力、原有基础、动机等影响因素，使两个组在这些控制因素方面尽量接近。在实际的研究过程中，这往往非常困难，即使研究者可以在原有知识基础方面进行控制，也很难在智力和能力水平方面进行控制，更难在动机水平方面进行控制。为了更好地比较不同的教育干预措施所产生的实际效果，采用成长评估模型是一种可以考虑的实验设计。采用成长评估模型，可以降低实验组与对照组在知识积累、能力（智力）、动机等方面差异对实验结果的干扰，可以降低"平行样组"假设的强度。

SGP 模型是一种比较可行的成长评估模型，是教育研究者的一种可行选择。SGP 的核心技术环节是分位线回归（quantile regression，QR），为了使用 SGP 模型，需要掌握 QR。SGP 的核心技术来自比特本纳（参看本书第 4.2.2 内容）。比特本纳开发了基于 R 语言的 SGP 数据处理软件——Quantile，借助 Quantile 软件，可以很方便地计算出用于成长评估的 SGP 值。为了使用 SGP 模型，需要获得、学习和使用 Quantile 软件。

7.5 给商业性学习公司的建议

伴随个性化学习的发展，伴随人们对发展核心素养的重视，成长评估将受到越来越多的重视，以"达标＋成长"评估取代单纯的"达标"评估是未来教育评估的大趋势。基于纵向量表的成长评估模型是更精致的方法。笔者希望有抱负的教育公司领导者，能够及早认识到这个发展趋势和这个发展趋势中所蕴含的商机，未雨绸缪，争夺先机，勇敢投入，参考今天美国的纵向量表 SBAC 和 PARCC，开发适用于中国学校的纵向量表，服务于学生、教师、家长、学校、各级教育局和教育研究机构。可以考虑逐步开发阅读理解、书面表达、数学、英语、科学、信息技术、逻辑推理、审辩式思维等方面的纵向量表。

7.6 给省级以上教育主管机构的建议

笔者对省级以上教育主管部门的建议是：投入力量，

支持教育科研机构、商业性学习公司和网络技术公司，研发用于成长评估的纵向量表，推动各级各类学校开展成长评估，用成长评估补充传统的达标评估。

7.7　在成长评估方法选择方面的建议

开发纵向量表的难度较大，需要较大的投入，不是一朝一夕就能完成的事情。对于学校和各级教育主管机构，目前比较可行的成长评估模型是学生成长百分等级模型（SGP）和投射模型。

在没有纵向量表的情况下，SGP 以外的另一种可行的成长评估方式是，使用两个经过等值的平行试卷进行成长评估（参看本书第 2.2 节）。建立具有可比性的两个平行试卷的一种简单做法是：编制好 A、B 两张试卷后，在甲城市（如青岛）选一个班或几个班，周一测 A 卷，周二测 B 卷。我们假设这个班的水平在两天之中没有变化。两次测试之间平均分的差距，就是试卷难度的差距。据此，我们可以在两份试卷之间建立起可比性。

之后，将两份试卷用于乙城市（如济南）的学校，学期开始时（或干预开始时）测 A 卷，学期结束时（或干预结束后）测 B 卷。

7.8　结语

2018 年 3 月 16 日，教育部部长陈宝生同志在两会教育问题专题记者招待会回答记者提问时说："要改变评价方式，完善学业考试办法，建立素质综合评价制度，不允许以分数高低对学生排名。"在学生的综合素质评价中，可以是忽视学生个性、千人一面的"达标评估"，也可以是尊重学生个性、因材施教的"成长评估"。美国学校所采用的成长评估模型，可以给中国教育改革带来启发。

就像世上没有两片完全一样的树叶，世上也没有两个完全一样的人。每个孩子都有自己的兴趣、爱好、梦想、禀赋、生活环境、生活经历，这些都是唯一的，都是独一无二的。为了获得最好的学习效果，需要尊重学生的个性，需要因材施教。我们需要改变像马戏团训练小狗整齐划一地表演节目一样的学习方式，需要鼓励更加个性化的学习。

一堂关于
"成长评估"的专题课

作者：刘淅萍 [1]

　　从 2018 年开始，由奥巴马总统主持制定的新教育改革法案《让每个学生成功法案》（Every Student Succeeds Act，ESSA）在美国正式施行，取代原来由小布什总统主持制定的《2001 年一个都不能少法案》（No Child Left Behind Act of 2001，NCLB）。与 NCLB 相比，ESSA 的突出特点体现在用"达标＋成长"的概念完善了 NCLB 的"达标"概念。

　　新的"达标＋成长"的教育评估模型体现了一种新的教育理念。学习，不仅追求"达标"，更要追求"成长"。对于一些基础好的学生，实现"达标"并不一定能够实现"成长"；对于一些基础薄弱的学生，即使暂时"达标"有困难，仍然可以通过学习获得"成长"。这是一种正视"个别差异"的教育理念。世界上没有相同的两片树叶，也没有相

① 2012 年于北京语言大学获得应用语言学专业语言测试方向硕士学位，现任北京阳光天邦教育咨询有限公司总经理。

同的两个人，统一的标准很难适用于所有人。成长评估模型体现了人工智能时代的一种个性化学习（individualized learning）的思路。

在 ESSA 的贯彻执行过程中，"成长模型"已成为美国各州对学生、教师、学校和学区进行教育评估和问责的主要方法。

2018 年 12 月 28 日，已经退休的北京语言大学教育测量研究所（以下简称"北语测量所"）原所长谢小庆老师给该所的研究生上了一堂关于成长评估的教育测量专业课。一些来自其他院校的老师和研究生们旁听了这堂课。这是一堂别开生面、脑洞大开、以学生为中心、以问题为导向的专业课。

十几天以前，谢老师向听课的同学们提供了一份阅读资料文件包。其中包括：

1. 王晓平，谢小庆等. 美国学校成长测量的 7 种主要方法. 中国考试，2018（6）.

2. 王晓平，谢小庆等. 从"达标"到"成长"——美

国教育改革的经验和教训．教学管理与教育研究，2018
（7）．

3．王晓平，谢小庆等．美国 7 种常用成长评估方式
的比较．新课程评论，2018（11）．

4．谢小庆．从清华大学为本科生开设《写作与沟通》
必修课谈成长评估．湖北招生考试，2018（20）．

5．谢小庆，刘淅萍．作为成长评估基础的两个教育
理念．内蒙古教育，2018（10）．

6．王晓平，谢小庆等．政府怎样支持教育科学研究：
美国联邦政府的一些做法．教学管理与教育研究，2018
（10）．

7．谢小庆．不因最紧迫的事情忘记最重要的事
情：奥巴马的《每一个学生都成功法》．华东师范大学学报，
2016（2）．

8．谢小庆．新一轮学习革命的 5 个关键词．人民政
协报，2013-8-7．

9．CASTELLANO E. K.，HO D. A. A Prac-titioner's

Guide toGrowth Models（成长模型的实施指南），Council of Chief State School Officers，CCSSO（州高级教育官员协会）。[①]

在提供这些阅读资料的同时，谢老师给同学们出了四道思考题：

（1）如果清华附小（或人大附中）委托北语测量所在本校展开成长评估，你将采用什么模型，以什么方式提供服务？为什么？

（2）如果海淀区教育局委托北语测量所在海淀区展开成长评估，你将采用什么模型，以什么方式提供服务？为什么？

（3）如果清华大学委托北语测量所对《写作与沟通》公共课的教学效果进行评估，你将采用什么模型，以什么方式提供服务？为什么？

---

① 在谢小庆老师后来为其他院校的研究生举行的讲座中，又包含了 3 份更新的资料：1. 王晓平，谢小庆. 成长评估在教师和学校问责中的应用：美国的探索. 教学管理与教育研究，2019（3）. 2. 符华均等. 基于学生成长百分等级模型的学业进步评价. 中国考试，2019（2）. 3. 谢小庆. 用于成长评估的学生成长百分等级模型：来自美国的经验. 教育测量与评价，2019（6）.

（4）如果科大讯飞公司考虑投资开发一个类似于美国的《智者平衡评估联盟测试系统》（the smarter balanced assessment consortium, SBAC）或《大学学习和就业准备联合测试》（partnership for the assessment of readiness for college and career，PARCC）的面对学前班到高中（K-12）学生的纵向成长量表，计划聘请一个项目负责人，你如果应聘这个项目负责人，你将怎样陈述自己的研究计划？

这些问题，都是研究生们在自己未来的学术研究和职业生涯中可能遇到的实际问题。

课前，测量所的研究生们分成 4 个小组，针对谢老师提出的 4 个问题，进行了文献调研，展开了研讨。为此，同学们花了很多时间。通过上网查找相关文献，通过阅读参考资料，尤其是阅读一些国外的最新资料，通过小组讨论，最终形成了各个小组的解决方案。

正式上课以后，谢小庆老师先做了一个题为《成长评估和基于成长评估的问责》的开场白。谢老师讲授的主要内容包括：

（1）从《2001年一个都不能少法案》到《让每个学生成功法案》。

（2）什么是成长评估模型。

（3）美国学校使用的几种成长模型。

（4）几种成长模型的比较。

（5）成长评估的教育理念：个性化学习。

（6）成长评估的内容：能力发展。

谢老师的讲课结束以后，研究生们相继报告了自己的研究结果。

田丽源、张正、郝志英同学尝试回答了第一个问题，他们就清华附小的成长评估，讨论了残差、学生成长百分等级（SGP）和增值三个模型的可行性，建议同时采用这三个模型，互相参照。

在成长评估的结果报告方面，他们建议分别提供：

（1）学生报告：帮助学生本人、家长和教师了解学生的成长情况，作为制订未来学习计划和教学计划的依据。

（2）教师报告：帮助教师本人和学校了解教师的实

际教学效果，作为教师改进教学的依据，也作为学校安排教师进修发展计划和奖励表彰的依据。

（3）班级报告：便于学校对各个班级和每位任课教师的学习成效和教学成效进行比较，作为问责的依据。

高怡雪、龚晨曦同学尝试回答了第二个问题。他们建议海淀区教育局采用增值模型进行成长评估，并且详细论证了选择这个模型的理由，同时给出了具体的实施方案。他们指出，基于纵向量表的模型在我国条件还不成熟。相比之下，采用多元分析技术的增值模型，可以较好地满足海淀区教育局在展开成长评估方面的需要。他们在论证中指出，增值模型可以最大限度地契合海淀区展开成长评估的目标，可以弥补传统教育评价的不足，可以评估每所学校在帮助学生获得"成长"中发挥的实际作用，可以帮助教师建立基于数据改进教学的机制，从而更精准地安排教学活动，可以助推教育质量的落实。他们还介绍了一些地区采用增值模型进行成长评估的经验，包括辽宁省大连市旅顺口区、江苏省镇江市丹徒区、江西省上饶市等。

例如，旅顺口区首先选取了 8 所学校进行试点，采用增值模型对质量监测数据进行深入分析，发现了教学中存在的问题，形成了基于数据和精准分析的改进目标。在明确目标的基础之上，强化责任，约谈了一些在帮助学生成长方面不够理想的学校，引导校长和教师改进教学，使教学质量获得提高。他们指出，学生的成长受到多种因素影响，他们将影响学生成长的因素划分为三个方面：

（1）学生的学习背景：学生的家庭环境、性别、学习能力等。

（2）教师和教学环境：教师个性风格、个人品质、学习经历等。

（3）学校的育人环境：学校性质、学校所处位置等。

他们制订了数据收集方案，需要收集的数据包括前测成绩，后测成绩（对某些学校和班级可以采用中考和高考成绩），学生学习背景资料，教师背景资料，学校环境信息等。

郭幸菲、彭艺、周梦梦同学尝试回答了第三个问题。

他们首先介绍和梳理了问题提出的背景：2018 年 5 月 17 日清华大学校长邱勇宣布，将在 2018 级新生中开设《写作与沟通》必修课程，计划到 2020 年，该课程将覆盖所有本科生。此课程定位为非文学写作，偏重逻辑性写作或说理写作。课程采用主题阅读、小班研讨、一对一指导、课程讨论、课程论文撰写、论文展示等方式进行学习。为此，清华大学成立了"写作与沟通教学中心"，聘请了多位具有不同专业背景的专职教师。学习采取小班讨论的授课方式，每班 15 人左右。就是说，到 2020 年，全校每年将有约 200 个班上这门课，任课教师将多达几十名。

怎样对教师的教学效果进行评估和优化？不同的教师会采用不同的教学方法，怎样对不同的教学方法进行评估和优化？由于生源不同，原有基础不同，背景不同，专业不同，仅仅根据课程结业时的一次性"达标考试"不足以评估学生通过学习所实际获得的成长，不足以评估教师的教学水平和教学效果，不足以评估不同的教学方法的长处

　　　　　　终身成长：创新教育新思维

和不足。为了对教师和不同的教学方法做出评估，需要进行"成长评估"，需要至少测试两次，开课时测试一次，课程结业时测试一次。只有借助成长评估，才能为优化教师队伍和改进教学方法提供可靠的依据。

在问题分解、文献调研和小组讨论的基础之上，他们建议《写作与沟通》公共课采用增值模型来进行成长评估。增值模型采用多元回归和多变量分析的统计方法进行成长评估，不仅可以观测学生在课程前后的能力变化，刻画每位学生在一段时间内学习的进步和"增值"，而且可以对影响成长的原因进行分析，从而实现优化教师队伍和优化教学方法的目的。

张丽强、王少伟、周洁同学尝试回答了第四个问题。他们首先讨论了什么是"纵向量表"。"纵向量表"是一种跨年级、跨较长时间段、跨不同水平的能力测试工具，这一工具，可以连接不同年级学生的测试成绩，可以对学生在一个较长时间段的成长进行评估。SBAC 和 PARCC 是今天在美国各州的成长评估中采用最多的纵向量表。

开发 SBAC 和 PARCC 的考虑是：当时美国的大多数教育评估系统是孤立的，各个系统之间互相脱节，陈旧，缺乏协调，不能满足教育发展的需要。为此，需要凝聚中小学教师和大学教师、教育科研人员和教育管理者的力量，共同开发一个更有效的评估系统，帮助学生改进学习，帮助教师改进教学，最终帮助中小学生做好进大学学习或就业的准备。纵向量表的发起者们认为，这一新的评估系统需要具备的特点包括：

（1）适合每个学生的、定制的在线测试系统。

（2）可以考查审辩式思维、写作和问题解决等核心能力。

（3）资料充足，可以公平地测试不同背景的学生，可以为不同背景的学生提供支持。

（4）可以支持教师的专业发展，可以为教师的课堂评估和形成性评估（formative assessment）提供支持。

SBAC 和 PARCC 都将《共同核心国家标准》（Common Core State Standards，CCSS）作为成长评估的依据。CCSS

是美国从学前班到高中（K-12）教育的国家标准，详细规定了美国 K-12 年级学生在英语、数学、科学等核心学科中的所知和所能，以便能为这些高中毕业生日后进入大学和顺利就业做好准备。编制 CCSS 的宗旨是培养适应未来社会发展和需要的高素质人才，进而提升美国的综合国力和国际竞争力。CCSS 的编制整体提升了美国学校教育的学术标准。

SBAC 和 PARCC 的编制都曾受到美国联邦政府的资助，分别获得 1.78 亿和 1.86 亿美元的资助。

他们重点介绍了 SBAC 系统。SBAC 可以为学生、家长、教师、教育管理人员提供可以作为行动依据的评估信息，提供关于学生学习情况的反馈信息，帮助学生改进学习，帮助教师和教育机构改进教学。SBAC 由 3 个模块组成：一是形成性评价过程和数字资料库（the formative assessment process and the digital library），在数字资料库中，包含大量教学参考资料和用于形成性评估的题目，供使用者参考；二是中期评价，即选择性阶段性测试（interim assessment: the optional periodic test）；三是总结性评估，即年终测试（summative assessment: the end-of-year test）。SBAC 是一个基于网络的计算机化适应性测试系统，采用了作文计算机自动评分技术。SBAC 主要应用于 3 ～ 8 年级以及 11 年级学生。测试包括英语语言文学和数学两科。测试包括两个部分：一个部分是完成表现性任务（performance task，PT）；另一个部分是计算机化适应性考试（computer-adaptive test，CAT）。

他们一步而讨论了在美国和中国进行成长评估的共性和不同特性，提出从中国的教育实践出发，建立既符合国际趋势又具有中国特色的基础教育质量评价体系，以义务教育阶段课程标准为依据，在纵向量表中体现评价系统与课程标准的一致性。他们指出，纵向量表的开发需要将《国家中长期教育改革和发展规划纲要（2010—2020 年）》和《教育部关于推进中小学教育质量综合评价改革的意见》等文件作为基本依据。

在文献调研和小组讨论的基础之上，他们提出了开发纵向量表的设计思路和具体开发计划。纵向量表系统包括临时性评价、形成性评价、终结性评价和网上报告系统。评价不是单一的纸笔测试，而是更注重学生发展水平的综合性表达与评价。系统是基于网络的、具有认知诊断功能的学业自适应测试系统，并应用大数据和云计算平台，建立以"事实＋数据"为依据的学生发展电子档案系统，实现信息化数据上报、抽样与数据采集、自动化报告生成等功能，使学生全面发展的各项指标实现可记录、可追踪、可分析、可展示。

他们进一步讨论了成长模型选择、及格标准设定、分数解释和成绩报告方式等具体的技术细节。

4组同学逻辑清晰、缜密的精彩发言，博得了老师和同学们的热烈掌声，谢老师更是连连称赞。

谢老师认真细致地听完了所有同学的汇报，针对每个小组的发言中的概念、方案和问题，逐项进行了点评和解答。指出了汇报中存在的问题，并对每个小组所选择的解决方案，提出了自己的意见和建议。

谢老师说，同学们查到了很多他自己以前并未掌握的资料。可以看出，同学们围绕四道思考题进行了认真的准备，狠下了一番功夫。

测量所年轻教师杨翊博士和北京师范大学基础教育研究中心的杨丽萍博士，也与同学们分享了自己的阅读、实践经验和思考，提出了自己的建议。

通过阅读、讨论和分享，同学们不仅丰富了自己的专业知识，而且磨炼和提高了自己的科研能力，包括资料收集查找、阅读理解、逻辑思维、审辩式思维、书面和口头表达、PPT 幻灯片制作等方面的能力。

这堂课的主角是同学们，当他们在课堂上思路清晰、逻辑严谨地分享自己的研究成果的时候，勇敢又自信。他们在追寻老师所提问题答案的时候，自己又发现了新的问题，又去探索自己所发现新问题的答案……

课堂，是学生的课堂；成长，是老师和学生的共同成长。

　　　　　　　终身成长：创新教育新思维

参 考 文 献

[1] 符华均，王朝阳，程乾，等. 基于学生成长百分等级模型的学业进步评价. 中国考试，2019（2）：14-18.

[2] 王晓平，齐森，谢小庆. 美国学校"成长测量"的 7 种主要方法. 中国考试，2018（6）：21-27.

[3] 苏步青. 学林散叶. 上海：上海人民出版社，1997.

[4] 王晓平，齐森，谢小庆. 政府怎样支持教育科学研究：美国联邦政府的一些做法. 教学管理与教育研究，2018（19）：121-123.

[5] 王晓平，齐森，谢小庆. 从"达标"到"成长"：美国教育改革的经验和教训. 教学管理与教育研究，2018（13）：7-9.

[6] 王晓平，谢小庆，刘淅萍. 美国 7 种常用成长评估模型的比较研究. 新课程评论，2018（11）：120-128.

[7] 王晓平，谢小庆. 成长评估在教师和学校问责中

的应用：美国的探索. 教学管理与教育研究，2019（5）：117-123.

[8] 谢小庆. 心理测量学讲义. 武汉：华中师范大学出版社，1988.

[9] 谢小庆. 关于 HSK 等值的试验研究. 世界汉语教学，1998（3）：88-96.

[10] 谢小庆. 对 15 种测验等值方法的比较研究. 心理学报，2000（2）：217-223.

[11] 谢小庆. HSK 和 MHK 的等值. 考试研究，2005（1）：33-35.

[12] 谢小庆. 关于 HSK 等值改进的试验研究. 世界汉语教学，1998（3）：88-96.

[13] 谢小庆. 考试分数等值的新框架. 考试研究，2008（2）：4-17.

[14] 谢小庆. 新一轮学习革命的 5 个关键词. 人民政协报，2013-8-7.

[15] 谢小庆. 不因最紧迫的事情忘记最重要的事情：

奥巴马的"让每个学生成功法案". 华东师范大学学报（教育科学版），2016（2）：6-9.

[16] 谢小庆. 从清华大学为本科生开设"写作与沟通"必修课谈成长评估. 湖北招生考试，2018（4）：51-54.

[17] 谢小庆，刘淅萍. 作为成长评估基础的两个教育理念. 内蒙古教育，2018（19）：9-12.

[18] 谢小庆. 用于成长评估的学生成长百分等级模型：来自美国的经验. 教育测量与评价，2019.（6）：3-9.